フクシマと沖縄

「国策の被害者」生み出す構造を問う

軍事ジャーナリスト
前田哲男

高文研

はじめに

これから、この小さな本に書いていくのは、いわゆる「フクシマ論」ではない。すでに多くの書物が書かれているし、今年もたくさん出ることだろう。一年経ったいま、本書でわたしがめざすのは、「3・11震災」と「福島原発メルトダウン」を契機に記憶によみがえってきたいくつかの取材体験――いわば〝核問題の自分史〟――といえるものを手がかりにしながら、日本人の核意識を、「原発とフクシマ」および「軍事基地とオキナワ」という、ひとつの枠組みのなかで考えていくことである。

「国策」ということばをキーワードにして、（また一九五〇年代の「ビキニ事件」〈本書第Ⅴ・Ⅵ章に詳述〉や六〇年代佐世保で起きた「異常放射能事件」〈本書第Ⅲ章に詳述〉を〝補助線〟に使っていけば）「フクシマと沖縄」はおなじ次元の問題として把握できる、いや、そう把握すべきだ、と考えるようになった。

そうすると、記憶の底から、フクシマの向こうに――チェルノブイリだけでなく――かつて何度も訪れた「ビキニ環礁」の、熱帯の楽園のなかに、人の気配をまったく欠いた空虚な光景、核実験の〝死の灰〟を浴びて、六〇年以上経ったいまなお、セシウム137やストロンチウム90に脅かされながら生きねばならないミクロネシア・マーシャル諸島の人びとの、暗いまなざしが浮かんでくる。

また、一九六〇年代の「米原子力艦艇」寄港と向きあった佐世保での日々や、七〇年代、「本土復帰前後」の沖縄の戦後史――ともに「国策の要請」にもてあそばれた〝辺境〟に住むひとの苦しみ――も、それと重なって思い起こされる。

とりわけオキナワは、〝国策の生贄《いけにえ》〟という意味で、「フクシマの原点」ということができる。「国是」＝民意と「国策」＝国家意思の葛藤、すなわち「非核三原則」（作らず・持たず・持ち込ませず）堅持をねがう民の声と、「核の傘依存」（米軍の抑止力維持）を至上目標とする政府、という矛盾・対立のはざまにおかれ、永年、「分断と差別」の仕打ちを受けてきた。

オキナワ＝辺野古《へのこ》問題の根底には、核の「軍事利用＝爆弾」と「平和利用＝電気」を別物であるかのようにみなしてきた国民大多数の思いこみ――それはまた、〝原発安全神話〟を信じこんできたのと同質の〝海兵隊抑止神話〟につながる――が横たわっている。「本土には基地ＮＯ」といいつつ、「オキナワならＹＥＳ」を許容してきた〝みにくい日本人〟

の心性が――フクシマを通じて――直視されなければならない。福島第一原発のメルトダウンが明らかにしたのは、そうした「国策」と「神話」の破局でもあると思う。「辺野古問題」が、いま〝緩慢にメルトダウン〟しつつあるように……。

結局のところ、ビキニ環礁の逆説的な光景（住めない楽園）も、オキナワにおける矛盾の累積も、「フクシマのいま・これから」を照らしだす鏡であるようにわたしには感じられる。

明治時代の自由民権運動家が、「徴兵懲役一字の違い、腰にサーベル鉄鎖《てつぐさり》」と諷したように、原爆と原発も一字のちがい、フクシマと辺野古も「コインの裏表」の関係でしかない。そして、両者を正視する人は、さらにその先に〝東京湾に浮かぶ原子炉〟――原子力空母ジョージ・ワシントンのシルエット――が視野に入ってくることだろう。

曇りのない目で見れば、軍事基地＝オキナワと原発地帯＝フクシマは、「中央と地方」、また「アメリカと日本」とのつながりのなかで同列の位置にある、と理解できる。また、〝浮かぶ原子炉〟――横須賀、佐世保、沖縄・ホワイトビーチに、なかば常駐している――も、「福島一号炉」と、原理・構造において、また、事故の危険率でも変わりはない。にもかかわらず、フクシマに直面するまで、わたしたちはそれを〝別物〟として受けとめてきた（いまも、変化したようにみえない）。

そうした偏った見方、ゆがんだ日本人の核時代への対応を、自分の体験にもとづきながら、したがって「論」ではなく、わたしの見聞を土台にして「エッセー」のように書いていきたい。といっても、思い出話に終始するつもりはない。みずからの過去をかえりみながら、新たな未来を構想する契機として、この自分史をまじえた〝論のようなもの〟を書きすすめていくつもりだ。

まず、「フクシマ事態と自分史」、といったところからはじめよう。なぜ、フクシマとオキナワはおなじなのか？　なにゆえに突拍子もないことをいい出すのか？

✽——目次

V　〝核の実験場〟ビキニで何が起きたか

――「放射能の恐怖」との出会い

VI　除染は不可能に近い

――マーシャル諸島の現状が教えること

装丁＝商業デザインセンター・増田 絵里

核・日米安保関連＝略年表

一九三八年	ドイツのオットー・ハーンらが「ウランの核分裂」現象を発見
一九四五年	八月六日、広島市に、九日、長崎市に原子爆弾投下
一九四六年	三月、米トルーマン大統領に「核兵器の非合法化」が提案された（アチソン・リリエンタール報告）。七月、マーシャル諸島・ビキニ環礁でアメリカが原爆実験を実施（以後、太平洋核実験場では、五八年までに六七回の原水爆実験が実施された）。
一九四九年	八月、ソ連が原爆実験に成功
一九五一年	九月八日、サンフランシスコ講和会議で対日平和条約・日米安保条約調印、ただし沖縄は引き続き米軍の占領行政下におかれる。
一九五三年	一二月八日、米アイゼンハワー大統領が国連総会で「核の平和利用」演説
一九五四年	三月一日、第五福竜丸が水爆実験で被災。同月、日本の保守三党「原子炉建造補助費二億三五〇〇万円」の予算修正案を提出。
一九五五年	一月、米原子力潜水艦「ノーチラス」が史上初めて原子力を使っての航海に成功する。六月、日米原子力協定調印。核燃料と技術を提供。七月、哲学者バートランド・ラッセルと物理学者アルバート・アインシュタインが、放射能の後遺的影響についての警告「ラッセル・アインシュタイン宣言」を発表。八月、第一回原水爆禁止世界大会広島大会開催。一二月、原子力基本法、原子力委員会設置法公布。正力松太郎が委員長に就任
一九五七年	八月、茨城県東海村の日本原子力研究開発機構の原子炉（研究炉）で初臨界
一九五八年	長崎・浦上天主堂の取り壊しが決定

一九六〇年	一月一九日、改定安保条約調印
一九六四年	一一月、米原子力潜水艦「シードラゴン」が佐世保に初入港
一九六六年	五月、米原子力潜水艦「スヌック」が横須賀に初入港
一九六八年	一月、アメリカの原子力空母「エンタープライズ」が佐世保に初入港。五月、佐世保港に停泊中の米原潜「ソードフィッシュ」の放射能漏れを測定。八月、米ジョンソン大統領が「ビキニ安全宣言」
一九七〇年	一一月、関西電力の美浜原発（一号炉）営業運転開始。一二月、沖縄・コザ事件
一九七一年	三月、東京電力の福島原発（一号炉）営業運転開始
一九七二年	五月一五日、沖縄、日本に復帰。
一九七四年	八月、原子力船「むつ」、下北半島・大湊から臨界状態下の公式運転に出港。五日後、太平洋で出力上昇試験中、放射線漏れを起こし運転は中断
一九七七年	エニウェトック島において、総予算三二五〇万ドル、陸海空軍兵士一〇〇〇人を投入した除染作業が実施（〜八〇年まで）
一九七八年	八月、ビキニ再閉鎖
一九七九年	三月、アメリカ・ペンシルベニア州のスリーマイルアイランドで原発事故発生
一九八四年	ロンゲラップ島民は、ロンゲラップ環礁から退去を決断
一九八六年	四月、ソビエト連邦（現ウクライナ）のチェルノブイリ原子力発電所で事故発生
一九八九年	一一月九日、ベルリンの壁、崩壊。一二月三日、ソ連・ゴルバチョフ書記長、米・ブッシュ大統領、マルタ島で会談、冷戦終結を宣言

一九九五年	九月四日、沖縄で米兵三人による少女暴行事件
一九九六年	四月一七日、橋本首相・クリントン米大統領による「安保再定義」。一二月二日、沖縄に関する特別行動委員会（ＳＡＣＯ）において、日米両政府は「普天間返還」を合意
二〇〇一年	九月一一日、ニューヨーク、ワシントンで同時テロ。犠牲者約三〇〇〇人。一〇月七日、米英軍、アフガニスタン攻撃開始
二〇〇三年	三月二〇日、米英軍、イラクへトマホーク巡航ミサイルなどで攻撃開始
二〇〇四年	八月一三日、沖縄・普天間基地の大型ヘリが沖縄国際大学の構内に墜落して爆発
二〇〇六年	九月、米原子力潜水艦「ホノルル」から放射能漏れ（コバルト58・コバルト60）
二〇一一年	三月一一日、東北地方太平洋沖地震（東日本大震災）によって、東京電力福島第一原子力発電所の原子炉（一・二・三号機）で核燃料の溶融（メルトダウン）が発生した。

Ⅰ　フクシマとオキナワ

――「国策被害」という共通点

ジャーナリスト稼業をかれこれ半世紀以上もつづけていると、さまざまなできごとに出会う。災害、戦争、米軍基地の変容（ベトナム戦争期から「米軍再編」期まで）、さらに自衛隊が「日本列島守備隊」（創設初期の一九六〇年代）から「動的防衛力」（二〇一一年の「新防衛計画の大綱」）に成長するまで、じりじりと膨張していった時代の流れ……。

いったい、どれだけの「こと」にでくわし、どれほどの「人」と会ったことだろう。とりわけ「米軍基地と自衛隊」を主要な関心対象とし、もっぱら現場まわりに時間をついやしてきたわたしにとって、問題意識は、「記者レク」や「共同会見」などからでなく、「見る・聞く・歩く」過程をつうじて形成されていった。ブリーフィングや資料よりも、そこに行く、が第一歩だった。現場に立ち、人に会うのがはじまりで、資料読みや歴史調べはあとのこと。まず〝その場所〟におもむいて見聞し、そこから考えるのがわたしの作法だった。読み手を動かすには、自分から動くしかない。若いころのノートにノーマン・メイラーの言葉を書きつけている。「即時であれ、未知の、そして不定の未来においてであれ、結果として、行動にならないかぎり、伝達はない。新しい行動にみちびかない伝達は伝達ではない」（『ぼく自身のための広告』〈新潮社〉より）。サルトルの『文学とは何か』の一節も信条となった。「……このように私は、語ることにおいて、状況を変えようという私の企図そのものを通じて、状況を暴露するのだ」。

こう構えたからには、「論」を立てるまえに動かなければならない。だから「フクシマ」と聞くと、これまで見てきたさまざまな情景が目に浮かんできた。

それは、船が航海していくうちに、船底にフジツボを固く育てていく作用にも似ているのかもしれない。見知らぬ土地と旅の日々になじむ時間の経過のなかから視界が開けていき、人びとの口から問題のありかが解きあかされて、体内ふかくに固く蓄積されていく。そんな日々に身をおきながら、わたしは「安全保障のありかた」や、「国策」とか「国益」とかいわれるものの正体を追ってきた。ながい航海のせいで、船脚はすっかり重くなったが、フジツボは大きくなったと思う。からだに付着した貝殻の断片――場所・人々の表情・語り口――から呼びおこされる記憶と問題意識も、まだ色あせない。そして「フクシマ」が〝貝の記憶〟を喚起するスイッチを押した。

佐世保・在日米軍基地で見たもの

一九六四年一一月、アメリカの原子力潜水艦「シードラゴン」が佐世保に初めて入港したとき――いま思えば、そのときこそ日本人が「実用型原子炉」と接触した最初の瞬間であったのだが――わたしは、駆け出しの放送記者として、港内「立神《たてがみ》一号ブイ」に係留された原潜の黒い船体を、工作艦「エイジャックス」の甲板に立って見下ろしていた。遠くの埠頭にデモ隊のふる赤旗が見えたが、シュプレヒコールは、船の動力音にかき消されて聞こえなかった。

そこ、佐世保に在勤した八年のあいだに一五隻の原潜を送り迎えた（いまでも艦名をそらんじることができる）。入港のたびに艦長や乗組員を追っかけまわし、市民に感想を聞き、デモを取材した。その激動期の頂点に一九六八年一月、「原子力空母エンタープライズ」——福島第一原発などとおなじタイプの原子炉を積んだ——の佐世保入港が位置している（原発はまだ動いていない）。「シードラゴン」入港の四年後には、日本初の「環境への放射線漏れ」というべき「異常放射能事件」（一九六八年）とも遭遇した。それらは、フクシマの〝予兆〟ではなかったか？

七〇年代にフリーランス・ジャーナリストに転身して、国内にある米軍基地のほとんどを見て回った。当時、ベトナム戦争は終わりかけていたが、沖縄・嘉手納《かでな》基地そばの「安保が見える丘」——当時そのような呼び名はなかったが——からは、北ベトナムに出撃するB-52爆撃機が翼を休めているのが見えた（フェンスの破れ目から基地内にもぐり込んだりしたものだ）。また、ジーン・ラロック提督——第七艦隊旗艦の艦長をつとめた人物で、米議会公聴会において、「日本に入港する戦闘艦は核兵器を搭載したまま入港するのがふつうだ」、つまり「非核三原則」の「持ち込ませず」はしり抜け、と証言した人物――に会って、本物の核弾頭とダミー（模擬弾）を見分ける興味ぶかい話も聞いた。（「だって君、それをひと目で区別できなきゃ、発射訓練などやれんじゃないか！」といった提督の、いたずらっぽい表情がよみがえる。）

在日米軍基地を、なかには〝潜入〟――これには、〝鉄条網もぐり〟とともに〝Yナンバー＝米人所有車同乗〟の手もあった――という方法もまじえつつ取材するなかで、〝日本のなかにある米人居留地〟ともいうべきフェンスの内側世界にふれるとともに、沖縄の基地はいうにおよばず、三沢空軍基地や岩国海軍基地にも――「非核三原則」を国是とするわが国に――核事故を想定した訓練マニュアルがあり、定期的に家族ぐるみの避難訓練が実施され、「核保全士官」の所在をしめす電話帳がある事実も知った。「国是」と「国策」の亀裂は、基地周辺を歩けばすでに明らかだった。

自衛隊も取材対象に

やがて、自衛隊の動向が、米軍基地とともにおもな取材対象となった。沖縄の「施政権返還」（七二年の本土復帰）は、同時に「自衛隊沖縄配備」を意味したので、海を渡る自衛隊（初の〝海外派兵〟は、たぶんこれだったのだろう）に密着し、そこで〝フジツボ〟がひとつふえた。県民の拒否感情が「自衛官住民登録拒否」や「自衛官募集事務所設置反対」などのかたちで高まっていく日々、沖縄通いは日常のこととなった。

そして冷戦終結後、自衛隊が、ＰＫＯ（国連平和維持活動）の名目で本格的に海外派遣されるようになると、それを追っかけてカンボジアからアフリカのルワンダ・ザイール国境にまで出かけていくようになる。気がつけば赤道直下、そこに自衛隊の部隊が……そんなおどろきだった。カンボジアには、自衛隊派遣前から撤収後まで五、六回も通ったので思い出はつきない。

「阪神・淡路大震災」のときには、テレビのレポーター――久米宏の「ニュースステーション」だった――として、被災地で自衛隊の災害派遣活動のありさまを陸自部隊に一週間つきっきりで密着取材した。このときの体験から、自衛隊を「災害救援隊」に改編すべきではないか、という着想が芽生えた。（そのことについては『検証・ＰＫＯと自衛隊』〈岩波書店、一九九六年〉以降、『9条で政治を変える　平和基本法』〈高文研、二〇〇八年〉、『従属から自立へ　日米安保を変える』〈高文研、二〇〇九年〉、『自衛隊のジレンマ　3・11後の分水嶺』〈現代書館、二〇一一年〉まで、それこそ〝フジツボ増大的〟頑固さで書いた。）

フクシマとオキナワをつなぐ〝補助線〟

したがって、思いかえしてみると「フクシマとオキナワ」をひとつのものとして書くための伏線（そしてわたし自身の準備）は、3・11以前からすでに敷かれていたといえるかもしれない。「フクシマ事態」の深刻さが時々刻々つたえられるなかで、しきりに思い起こされたのは、一九六三年から六四年にかけて、佐世保市民を二分してたたかわされた、「原子炉の安全性」や「一次冷却水の港内放出」論争、またセシウム137やコバルト60の「許容量」をめぐる市民の危惧であり、さらに、六八年、原潜「ソードフィッシュ」が佐世保港内で引き起こした「異常放射能事件」の轟々たる反響の余韻だった。

あのとき、きちんとしたけじめをつけていたら、この国の原子力行政は、すこし変わっていたかもしれない。（それについてはあとでくわしくふれる。）

一方、「フクシマとオキナワ」の共通項についても、震災後、断片的に語られるようになった（たとえば高橋哲哉さんの『犠牲のシステム　福島・沖縄』〈集英社新書〉など）。

疑いもなく、フクシマとオキナワは、「国策の要請」という名の地域差別、または日米政府による植民地主義的な支配構造という共通の宿命でつながれている。「普天間問題」だけでなく、福島県と沖縄県の近代史、戦後史そのものがそうだった（「白虎隊」と「ひめゆり学徒隊」の悲劇が象徴的に重なりあう)。

たしかに、「フクシマとオキナワ」の共通関係は、歴史のなかからひと目ですくいとれるほど明瞭なものではない。ひめゆり部隊だけで沖縄戦を語ることはできないように、会津白虎隊はフクシマ全域のシンボルにはならない。しかし、佐世保港内やビキニ環礁で起きたこと——「原潜寄港」=「異常放射能事件」、「死の灰」=「低線量被曝」——を下敷きにし、かつ、それを〝補助線〟として使いながら時代を追っていくと、「フクシマとオキナワ」が——日本の〝足の裏〟佐世保、〝核の植民地〟ビキニによって——共通の宿命でむすばれた悲劇性がわかってくる。そうした〝時代に弄《もてあそ》ばれる僻地《へきち》〟ともいうべきつながりを跡づけるのが本書の意図である。

辺野古《へのこ》・高江《たかえ》へ

3・11震災から一週間後の三月一八日、わたしは沖縄に行った。放射線からのがれて避難したわけではない。講演と取材が目的だった。驚いたことに、那覇のホテルや近郊のペンションは本土からの客でいっぱいだと知らされた。例年、スギ花粉が飛ぶ季節になると本土から花粉避難を兼ねた来島者がふえるそうだが、今年の混みようは並ではない、とフロントで教えられた。「あっと言う間に満室になりました」。ここにも明らかにフクシマが影を落としていた。

わたしの目的は、名護市辺野古崎沖の海に建設が予定されている米海兵隊航空基地、それに反対する「ヘリ基地反対協議会」の現況を知ることと、おなじく本島北部東村《ひがしそん》高江地区の原生林を伐採して「ヘリパッド」（ヘリ着陸帯）がつくられるのに抗議し阻止する人びと――「ヘリパッドいらない」高江住民の会――から話を聞くことにあった。

3・11以後、沖縄の基地問題にたいする関心は、本土メディアからかき消えていた。紙面と時間の制約はやむを得ないにせよ、たまに書かれても、「普天間基地返還問題」という見出しでなく、「辺野古移設計画」と表現されるようになっていった。返還でなく移設、それも「辺野古」が前提、とメディアは筆をそろえた。民主党政権が鳩山首相から菅首相へと移行するなかで、それはさらに加速された。震災のどさくさにまぎれて問題のすり替えが行なわれている、これは理解しがたい、メディアがつたえなければ現場に行ってみるしかない……。

辺野古の浜辺は、春、真っ盛りだった。うりずん（若夏）の季節になっていた。テント村につどう人たちもダウンジャケットから解放され――その日は座り込み開始から二五二五日目だった――まだ汗を呼ばないやわらかい日差しを楽しんでいた。しかし、その空の下で、海兵隊基地キャンプ・シュワブと辺野古ビーチを分断して、頑丈なコンクリート土台を持つフェンスが築かれつつあった。やがて沖合一帯が埋め立てられ――日米政府の合意によれば――長さ一八〇〇メートルの滑走路と強襲揚陸艦が接岸できる護岸を持つ航空基地が建設されることになる。冷戦期に存在した東西ドイツ分割の象徴、「ベルリンの壁」とくらべるのは、すこし大げさかもしれない。だが、意図においては少しも変わりのない「国家の意志」と「国策の要請」がそこに凝縮されているように思えた。辺野古には、大学で教師をしていた時期（一九九五〜二〇〇五年　東京国際大学）、毎年、学生と一緒にゼミ旅行にきていたこともあり、光景の変貌ぶりに心痛んだ。

辺野古のテント村で〝村長〟の安次富浩《あしとみひろし》さんたちと話したあと、さらに北上して、東村高江に向かった。

海岸線が消え、濃い緑の「やんばるの森」と呼ばれる国頭《くにがみ》山地に入っていく。そこには豊かな自然林と渓流がのこされ――環境省がユネスコの「世界自然遺産」指定をめざす――ヤンバルクイナやノグチゲラなど希少な野生生物と固有植物種がはぐくまれている。だが、同時にその一帯は、「米軍北部演習場」として海兵隊のジャングル戦闘訓練センターのために使われてきた場所でもある。自然遺産予定地に軍事演習場！　おなじ政府が、自

ヘリパッド建設予定地に入るゲート前に設置されている地元住民のテント

然を破壊しながら〝保護〟しようとする、この亀裂！

「高江ヘリパッド問題」の発端は、「北部訓練場」の半分を返還する（一九九六年の「オキナワに関する特別行動委員会」〈ＳＡＣＯ〉合意）条件として、高江地区の六カ所に——集落を取りかこむ配置で——ヘリパッド（直径四五メートルの着陸帯）を建設するというものである。ヘリパッド建設も問題だが、その後、普天間基地の現有ヘリが、二〇一二年中に垂直離発着機「オスプレイ」に更新されると公表され、自動的に（ヘリ用でなく）「オスプレイ・パッド」になる計画も明らかになった。当初から工事強行に反対して監視のための座り込みをつづける住民と支援者の活動は、すでに四年目をむかえていた。

その住民行動にたいして、国（防衛省）は、座り込みや説得行為が、「工事関係者への通行妨害にあたる」として、反対住民を被告とする民事訴訟を起こした。二〇一一年一月のことだ。座り込みが通行妨害！　このような訴訟は全国にも例がない。反対を行動であらわす意思表示が通行妨害＝違法ということになると、原発、ダム建設など、住民運動は根こそぎ的な規制をかけられることにつながりかねない。

でありながら、「高江問題」は、「辺野古問題」ほどひろく知られていない。辺野古基地新設が、県内でも、知事、県内全市長ら「オール沖縄」の反対民意がつくられているのとちがい、高江地区住民のたたかいは――知事が容認の態度をしめしていることもあって――孤立と無関心のもとにおかれている。県内ではまだしも、全国的にみれば知る人はほとんどいないといっていいだろう。

半日、「やんばるの森」に分け入ってヘリパッド予定地を見て回り、建設地点に通じる四カ所のゲート前で監視のための座り込みをつづける反対住民から聞き取りしたあと（二〇一一年度は一本の木も伐らせなかった）、わたしは、弁護団の要請を受けて、継続中の「高江裁判」の被告側証人になることを決めた。

「国策による被害者」という共通点

沖縄から帰ってすぐに、「日米安保と沖縄の米軍基地」という那覇地裁あての意見陳述書を書くことに着手した。おなじ時期、福島第一原発を〝震源地〟とする3・11の後遺的影響は、大地、大気、海洋をつうじ、また、瓦礫、稲わら、魚介類に転移して、ますます拡大の様相を呈していた。そんななか、わが身近にも降りそそいでいるかもしれないベクレルやシーベルトの気配を感じながら、おもに「高江問題意見書」を書くことに没頭した。書き上げた意見書は七月二二日、裁判所で受理され、公判廷でのわたしの証言は八月二五日に行なわれた。

わたしは、意見陳述書の冒頭に「〈3・11後〉の安全保障の語りかた」という節をおき「総論部分」を書いた。以下、抜粋しながら再録する（〝読者〟が裁判官なので堅苦しい文体になっているが、ご容赦いただきたい。要するに、「国策のもとの犠牲」という点で、フクシマと高江問題はおなじ根源をもつ、と強調したものだ）。

「3・11震災」がもたらした「原発メルトダウン」と「未曾有の環境破壊」に遭遇

してしまったいま、「フクシマ事態」と「普天間・高江問題」の区別は、もはや失われた。ふたつの事象は、距離と様態を超えて私たちに問いかける。安全保障とは何か？日本国憲法が保障する「平和のうちに生存する権利」の実質はどこに見いだされるべきか？　そのことを明晰に語る言説、政策はまだ提出されていない。だが、あの日以降、安全保障の根源が「生活の安全」に根ざすものであること、また安全保障における政府の役割とは一義的に住民の生命と健康の保障を基礎とすべきであるとの認識は、政府部内においても世論動向においても十分に納得され、かつ共有されつつある。

そうであるなら、わたしたちは、ここで問題を「原子力発電所と地域」のみにとどめさせず、「軍事基地と地域」の関係についても認識転換をもとめられているというべきであろう。ともに超越的な国策、政府の専権行為として地域と住民に君臨してきた国家行為だからである。一方が破綻すれば他方の論拠も崩壊する。立法・行政的措置がとられないのであれば、司法的規制がなされなければならない。「フクシマ」とともに、「普天間・高江」はそれを映しだすひとつの鏡である。

以上のところが、「3・11後」に、わたしが得た「フクシマはオキナワだ！」の基本認識であり、同時に、この本のキーワードでもある。ついで、こう書いた。

「フクシマ事態」の本質を理解するため、差し当たり、かつてアインシュタインが「ヒロシマ」「ナガサキ」後の世界認識のありかたを述べたつぎの言葉が想起されるべきである。

「原子の力を解き放つことで、私たちの思考様式をのぞいて何もかもが変わってしまった。かくして、私たちは、前例のない破局に向かってふらふらと流れていく」「初の原子爆弾は、広島市以上のものを破壊した。それは、私たちが受け継いできた時代おくれの政治上の観念をも吹き飛ばした」（注1）

この言葉は「フクシマ後」の世界を見透す——ドイツ、イタリア、スイスにおける「脱原発」への急速な動きを見れば明らかだろう——とともに、より広く沖縄の基地問題全般、および本「通行妨害禁止請求事件」の審理にあたっても敷衍、熟考される必要があると考える。なぜなら、本件の背景にある沖縄の基地問題は、広島・長崎の原爆被災に比すべき長期にわたる、そして今回の福島原発災害とも通じ合う、深刻かつ回復不能な「生活破壊」のみなもとであり、同時に、日米両政府によってもたらされた「国策被害」の最たるものだからである。

以上を踏まえつつ、わたしは、原子力被災者を「国策の被害者」とみなした政府文書を引用した（「注2」を参照）。

とくに3・11震災後、「国策による住民被害」認識について、日本政府の対応に変化のきざしがあらわれたことに裁判官の注意を促したい。「フクシマ事態」が政府にいかなる衝撃を与えたかの一端を、以下の「原子力災害対策本部」発表の文書によって知ることができる。冒頭にある「まえがき」部分を引用する。

未曾有の被害を生んだ東日本大震災に続き、東京電力福島第一原子力発電所の事故が発生した、あの「三月一一日」から、二カ月が経過しました。

この二カ月が、原子力事故による被災者の皆さんにとって、いかに長く、苦しく、困難な日々であったか。避難区域の設定により、震災への対応もままならぬまま、着の身着のままで避難せざるをえなかった皆さんの不安、また、屋内退避区域の設定により、不便な生活を強いられたり、自主避難することとなった皆さんの思いには、言葉では言い尽くせないものがあると思います。（中略）

東京電力福島第一原子力発電所の一号機が営業運転を開始してから、今年はちょうど四〇年目にあたります。
長きにわたり国の原子力政策、電源政策の一番の理解者であり、安全であると信じ、原子力発電所とともに共存してきた皆さんの、今回の事故によって裏切られたとの強い思いに、国は真正面から向き合わねばなりません。
原子力政策は、資源の乏しい我が国が国策として進めてきたものであり、今回の原子力事故による被災者の皆さんは、いわば国策による被害者です。復興までの道のりが仮に長いものであったとしても、最後の最後まで、国が前面に立ち責任を持って対応してまいります。（傍点、筆者）
必ずや、被災者の皆さんが、再びふるさとの地に立ち、住み慣れた我が家に戻り、そして、豊かな自然と笑顔があふれるコミュニティを取り戻す日がやってくると確信しています。そして、その日が実現するまで、国として力を尽くす覚悟です。（注２）

上記文書に、政府側がつねづね原子力発電所立地に反対する住民運動に対し主張してきた、「原子力発電所は高度の公共性を有するがゆえに原告住民がこうむっている不利益に優先する」とする居丈高な「公共性優先論」や「国策受忍論」が見当たらない事実は、とくに注意を要する。そうでなく同文書には「国策による被害者」への謝罪と無限責任が開陳されている。同時期、内閣が示した「エネルギー政策全面見直し」方針――そこには「脱原発」も選択肢にふくまれている（たとえば菅首相記者会見七月一三日）――も、以上の認識に立つものと理解できる。

ならばこの変化は、基地問題に関する訴訟において国側が主張してきた従来見解――「米軍機等の運行活動が安保条約等の法令に基づく適法なものであり、かつ、高度に公共性ないし公益性を有する行為であること等総合すると、被告らの訴える被害は、いまだ受忍限度内のものというべきで、……」また、「厚木基地の使用が公共のために必要不可欠なものであるから、その使用にともなって必然的に発生する騒音等は、やむを得ないものとして受忍すべきである」（第三次厚木爆音訴訟判決文にしめされた国側主張　横浜地方裁判所二〇〇二年一〇月一六日）――などに見られる「公共・国策」優先の論理もまた、3・11震災後、延いては五月一七日の原子力災害対策本部方針以降、破綻し、修正されつつあると解すべきである。

同時に、「国策」が大惨事を引き起し、地域社会の壊滅が明白になった以上、さらに同種事故が将来とも必然確実に予期される以上――政府は「東海地震」発生確率の高さを理由に浜岡原発の運転停止を要請し、定期検査中の全原発の運転再開にも「ストレス・テスト」の実施を決定した——、その責任引受けは、たんに「事後」処理にとどまらず、「事前」回避にも適用されなければならないのは当然だからである。原発と同様、米軍基地が地域社会にあたえる「いま、そこにある危険」は、すでに多くの事実と言葉によって知られている。普天間飛行場が「世界一危険な基地」であるとみとめたのは米国防長官ラムズフェルドであった。危険はすでに予告されている。冒頭「高江とフクシマの区別は失われた」とのべたゆえんである。

以上が、陳述書でのべたわたしの「フクシマとオキナワ同一論」の要点、つまり、3・11以後「フクシマと普天間・高江の区別は失われた」とする論拠である。フクシマの人々を「国策の被害者」というのなら、高江の場合もおなじであり、訴訟は取りさげられてしかるべきだ、そういいたかった。その立場から、つづけて、

1. 日米安保と沖縄の米軍基地　いまも占領状態にある沖縄
2. 冷戦後のアメリカの世界戦略と自衛隊
3. 「沖縄基地問題」の解決に向けて

と意見陳述書はつづく(「2」の一部は後掲する)が、ここで重要なのが、文中にある原子力災害対策本部(本部長・菅直人首相)によって被災者にしめされた「原子力被災者への対応に関する当面の取組方針」にあることはいうまでもない。そこにおいて政府は、

長きにわたり国の原子力政策、電源政策の一番の理解者であり、安全であると信じ、原子力発電所とともに共存してきた皆さんの、今回の事故によって裏切られたとの強い思いに、国は真正面から向き合わねばなりません。

原子力政策は、資源の乏しい我が国が国策として進めてきたものであり、今回の原子力事故による被災者の皆さんは、いわば国策による被害者です。復興までの道のりが仮に長いものであったとしても、最後の最後まで、国が前面に立ち責任を持って対応してまいります。

と明確に自己批判を行ない、「国策の被害者」にたいする無限の、「最後の最後まで」と強調される責任と対応を明らかにしている。

ならば、おなじ論理が「高江ヘリパッド裁判」——また、普天間・辺野古はじめ沖縄基地問題の全体——にも跳ねかえってくるではないか。一方で「国策の被害者」にたいして

自己批判してみせ、他方で「国策に従わない」という理由をもって「通行妨害」などという裁判をでっち上げるのは、矛盾のきわみではないか、それがわたしの「意見陳述書」と「法廷証言」で主張したことだった。

「フクシマ」を境にして、政府のいってきた「国策論」＝「受忍論」の関係が破綻したのは明らかだ。その意味で、「脱原発と脱基地」はおなじ重みをもつ。「フクシマとオキナワ」をおなじ次元で考えなければならない。

以上のような、「フクシマと普天間・高江問題の同質性」を踏まえたうえで、以後、「原発と軍事基地」に象徴される「国策」が、いかに形成されてきたかをさぐっていこう。通史としてではなく、わたしの取材体験を通じた〝マイ・ストーリー〟として。

注1＝アリス・カラプリス編、林一訳『アインシュタインは語る』（大月書店、一九九七年）

注2＝原子力災害対策本部「原子力被災者への対応に関する当面の取組方針」二〇一一年五月一七日、経済産業省Ｗｅｂ「東京電力株式会社福島第一原子力発電所について―原子力被災者への支援について―」（http://www.meti.go.jp/earthquake/nuclear/pdf/torikumihoushin_110517_03.pdf）〈二〇一一年六月二一日取得〉

II 被爆国・日本の〝核をめぐる奇妙な同居〟

——核の「軍事利用」と「平和利用」

原爆投下の第一目標の地に生まれて

わたしは一九三八年に福岡県戸畑《とばた》市で生まれ、敗戦の年に小学校（当時は「国民学校」と呼ばれていた）に入学するまで、そこで育った（父は福岡市に本社があるガス会社の戸畑営業所長だった）。

『科学史年表』（中公新書）によれば、一九三八年には、ドイツのオットー・ハーンとフリッツ・シュトラースマンによって「ウランの核分裂」現象が発見されている。奇しくも、〝核時代の夜明け〟とともに、わたしは世に出たことになる。これは偶然の一致というものだろう。ただし、のちにジャーナリストになって「核の時代」を生きることになったわが身をかえりみると、そこにはたんなる〝偶然〟で片づけられない若干の〝運命的出会い〟もふくんでいるように思える。

というのも、戸畑市は――その後、五市合併で「北九州市」となったが――小倉市と隣り合う街で、ハーンとシュトラースマンの発見から六年半後の一九四五年八月九日、「ウランの核分裂」が原子爆弾「ファットマン」となってB-29爆撃機「ボックスカー」に搭載され日本をめざしたとき、最初に投下目標とされたのは、小倉市街地（小倉城周辺）だったからだ。当日、小倉上空は一面雲におおわれていて、「目視照準」――肉眼で目標を確認し、投下せよ――と命じられていた機長に投下の機会は訪れなかった。B‐29は一時間あまり上空旋回をつづけたのち、機首を第二目標と指定された長崎にめぐらす決定がなされた。

もし、あの朝晴れていたら……。「第一目標」小倉に隣接する地域に住んでいたわたしたち一家が被災したことはまちがいない。直撃されなくともなんらかの被害は避けられなかったはずだ。

ずっとあとになるが、九州大学と朝日新聞社が行なった調査（『朝日新聞』一九八二年八月五日付）によれば、もし「小倉に原爆が落ちていたら」（と見出しにある）、半径四キロメートルまでの範囲内で「犠牲者は少なくとも五万七〇〇〇人を超える」とされる。死者は人口の四三パーセントというから、少なくとも半々の確率でわたしの一家も被爆者になる運命にあった。代わりに、長崎で少年がひとり、身代わりになった、ということもできる。

そうと気づいたのは、長崎で民放記者になって被爆者の取材にたずさわってからだった。わたしは偶然に生き残ったのかもしれない、そんな感情をいだくようになった。以後、被爆地・長崎は、わたしにとって（顔も名も知らない少年と）「同行二人」ともいうべき因縁浅からぬ場所となる。

そして、つぎの任地・佐世保で、もうひとつの核との出会い——原子力潜水艦、原子力空母の寄港——によって、因縁はさらに決定的となり、(けっして運命論者ではないが)気がつくと、フリーランス・ジャーナリストになってまず取り組んだのは、「オキナワの核」と「ビキニ核実験の残留放射能」の問題だった。たしかに、〝偶然〟で片づけられるものではない。

取り壊された浦上天主堂

一九六一年、わたしは長崎放送に入社した。地方民放局がテレビの興隆期をむかえた時代にあたる。配属先は編成局報道部。願ってもない職場だった。

わたしが住んだ一九六〇年代初頭、長崎市民の原爆観は、いまとややちがっていた。爆心地が、伝統的な地理区分では「長崎」といえない、港から遠く離れた郊外・浦上地区にあり、また、「長崎くんち」とも無縁な「隠れキリシタンの里」だったせいもあって、「怒りの広島、祈りの長崎」ということばが表すように、被爆を「神の摂理」と受けとめる雰囲気が、少なからず存在していた。敬虔なカトリック信徒だった被爆医学者・永井隆の一連の著作(『この子を残して』など)や、藤山一郎がうたう「長崎の鐘」(永井隆の著作名でもある）の感傷的な歌詞と旋律が、「祈りの長崎」のイメージをいっそう盛りあげた。

原爆記念日の八月九日は、浦上天主堂で取り行なわれるミサにはじまるのがつねであった。厳粛ではあったが、怒りの表白とはほど遠かった。アンジェラスの鐘の音、跪《ひざまず》いてロザリオをまさぐり十字を切る白いベールの老女、神父の祈りと賛美歌の詠唱……。それらが、北九州からやってきた青年が受けた最初の被爆地・ナガサキの印象だった。

そうした両都市の被爆体験受容の差異について、報道局の同僚だった伊藤明彦と延々と議論したことを思いだす。あの日、爆心地の大地にぬかずいて「神よ、この試練をお受けします」と祈ったという被爆者の話をめぐってなどだった。かれは、わたしより一年早く退社し、ひとり録音機を持って全国各地にヒバクシャを訪ね歩き、一〇〇〇人以上の「被爆者の声」をあつめた。わたしが聞きとったビキニ周辺ヒバクシャの証言も収められている。3・11のちょうど一年前、七三歳で死んだ。その記録はウェブサイト「被爆者の声」にアップされている。

ふたつの被爆都市のちがいは、広島に被爆当時の惨状をつたえる「原爆ドーム」が現存しているのに、長崎にはそれがない——正確にいうと「消された」——という点にもしめされている。爆心地直下にあった浦上天主堂の廃墟は、戦後早い時期に取り壊され、一九五九年一月、おなじ場所に新天主堂が完成していた。一九六一年にわたしが見たのは新しい天主堂だった（旧天主堂にあったマリア像など断片のいくつかを、平和公園で見ることはできるが）。

爆心地に、なかば崩れながらも、なお広島の原爆ドームのように建っていた教会が、なぜ壊されてしまったのか？　広島の旧「産業奨励館」が「原爆ドーム」になって保存されたように、なぜ「歴史遺産」としてのこらなかったのか？

天主堂取り壊しが決定されたのは一九五八年のことだった。当時の長崎市長・田川務は二月一七日の臨時市議会で、天主堂は保存されるべきだと主張する岩口夏夫議員の質問に、その理由をつぎのように答えている。田川市長は、戦後、弁護士から政治に転じ、清廉の人として知られていた。八月九日の記念日に読み上げる「平和宣言」では、独特のイントネーションで「平和は、長崎から！」と訴えるひびきに、わたしは親しみをもっていた。しかし、その人物が天主堂と傷ついたマリア像の撤去を決定したのである。

　現段階において、浦上天主堂の残骸が原爆の悲惨を物語る資料として十分なりや否や、こういう点に考えをもってまいりまするときに、私は率直に申し上げます。原爆の悲惨を物語る資料としては適切にあらずと。平和を守るために存置の必要はないと、これがわたしの考え方でございます。この見地に立ちまして今日、浦上天主堂が早く元の姿に復興して、信者の将来の心のよりどころとして再建したい……。

また、こうもいっている。

原爆の悲惨事というものはあの物をもって証明し得ないのではないかと、私はそういう考えをもっているわけでございます。これを原爆の悲惨事を証拠だてる資料と、特殊なものというふうには私としても受け取れません。（中略）むしろああいったものは取り払った方が永遠の平和を守る意味ではないかと、そういう考えをもっている方も数多くあるのではないかとこういうふうに思うのであります。（中略）市民の犠牲において多額の市費を投じても残すという考えは現在持っておりません。

こうして貴重な被爆のシンボルが失われ、共通の記憶も抹殺された。岩口議員は、

原爆の天主堂の遺跡は古いが故に尊いのではなく、その遺跡がその時代を語り、歴

史を教え、そうして新しい時代への警告を発するところに私はすべての遺跡の意味があると考えている次第であります。

と保存の必要性をのべ市長に翻意をせまったが、その意見は無視された。広島の原爆ドームは、やがてローマ法王ヨハネス二三世が、そこに跪《ひざまず》いて祈りを捧げる場所となり、またユネスコの「世界歴史遺産」にも指定された。もし、浦上天主堂が保存されていたなら、世界のキリスト教世界に向け――岩口議員のいうように――より普遍的な、「新しい時代への警告を発する」ところとなっていたのはまちがいない。が、その機会は永遠に失われた。

「原爆から原発への道」の地ならし

〝ノーモア・ナガサキ〟のシンボル破壊というできごとは、わたしが長崎市に住むまえになされたことだったので、記録も当事者もなくなったいま、確実な事実は知りようがない。とはいえ、「被爆体験の継承」、あるいは「日本人の核意識」を考えるとき、けっして小さくない意味を投げかけているように思う（それは「フクシマの遺跡」を今後どのように保存していくかの議論ともつながるはずだ)。

田川市長のいう「元の姿に復興させる」＝新天主堂建設よりも、旧天主堂を未来へのメッセージとして保存したいというねがいも、市民のあいだにつよくあったにちがいない。なぜ、実現しなかったのか。「原爆の悲惨を未来につたえる」ことをおそれ、忘れさせたいとする意志が、どこかで、だれかの頭に、働いていたのではないだろうか？

核の「軍事利用」と「平和利用」の二重路線があらわになり、日本人の意識に、原爆＝悪、原発＝善という〝迷路〟が定着していくのは一九七〇年代になってからだが、すでに国内では、一九五〇年代以降、「原爆から原発への道」の地ならしがなされつつあった。長崎市で、被爆都市の記念物が深い考えや議論もなしに、あっさり捨て去られたのは、そのような時代とかさなる。だから、シンボル破壊は同時に、日本人の原爆観と原発観の亀裂をしめすひとつのしるし、とも受けとめられる。

以後拡大していく交わらない視線——〝悪い原爆〟と〝よい原発〟、および、(核持ち込みをタテマエでは)〝拒否〟し、しかし(密約で)〝容認〟するという「国策」使い分け——の出発点ともいえるだろう。核意識における二重性と迷路形成のはじまりの時期に位置している。

年表を繰ると、浦上天主堂が取り壊された一九五八年に先だつ数年間に、「原子力の平和利用」をめぐる重要な動きが交錯していることがわかる。それは「爆弾からエネルギーへ」の分岐点であり、長い年月ののち、フクシマにつながる導火線ともなる。

●一九五三年一二月　米アイゼンハワー大統領の「国連総会演説」（"Atoms for Peace"）「この原子力機関のもっとも重要な責任は、核分裂物質を平和的な目的のために割りあてる方法を工夫すること、世界の電力不足地域に電力を豊富に供給することであろう」

●一九五四年三月　第五福竜丸の核実験被災。一年のうちに三〇〇〇万人余の原水爆実験禁止要請署名。

●一九五四年三月　保守三党「原子炉建造補助費二億三五〇〇万円」の予算修正案を提出。原発導入への道がはじまる。

●一九五五年六月　日米原子力協定調印。核燃料と技術を提供。

●一九五五年八月　第一回原水爆禁止世界大会広島大会開催。

●一九五五年一二月　原子力基本法、原子力委員会設置法公布。正力松太郎が委員長に就任。

●一九五六年四月　原子力委員会、茨城県東海村を原子力研究所の敷地として選定。
●一九五七年三月　原子力委員会、発電用原子炉の早期導入を決定。
●一九五七年四月　西ドイツの物理学者一八人、核武装計画に反対して「ゲッチンゲン宣言」を発表。

一九五〇年代、世界の核状況は、東西両陣営の対立激化を背景に、原爆から水爆へという「垂直＝タテの拡散」（つまり威力の増大）、および船舶用原子動力から原子力発電への「水平＝ヨコの拡散」（利用の多様化）にあらわされる拡大の一途をたどっていた。「第五福竜丸」の上に降った〝死の灰〟は、初の実用型水爆という「タテ＝垂直拡散」の動かぬ証拠であったし、おなじ年、最初の原子力潜水艦「ノーチラス」が進水したのは「ヨコ＝水平拡散」のはじまりだ。原子力発電所の運転も、五四年ソ連、五六年イギリスで開始された）。さらに、おなじ時期、べつの「ヨコの拡散」――核兵器保有への参入　五二年イギリス、六〇年フランスによる大気圏内爆発――も同時進行していた。

長崎爆心地の天主堂とマリア像が破壊されたのは、そのような時期だったのである。これも〝偶然〟なのか？

長崎市生まれのジャーナリストで、わが古くからの友人でもある高瀬毅は、『ナガサキ消えたもう一つの「原爆ドーム」』（平凡社、二〇〇九年）のなかに、「廃墟の意味を理解した米国」という章をおき（第十章）、田川市長の決断の背後にアメリカの意図を嗅ぎとっている。それによれば、市長は、一九五六年の訪米――公式目的は、長崎市とアメリカ・セントポール市との、日本にとって戦後初となる「姉妹都市」提携のためとされた――から帰国すると、従来とってきた「天主堂保全方針」をひるがえすようになったという。資料の散失と当事者の死去により確実に立証されているわけではないが、同章の「天主堂廃墟を取り払いしもの」の部分を、先にあげた同時代の国際・国内情勢と照らしあわせながら読んでいくと、市長が訪米を機に態度を豹変させた裏に、「天主堂問題」も隠されていたのではないか？　という疑惑が浮上してくる（とくに米政府は、五四年の「ビキニ事件」で盛りあがった日本の反核世論に神経を尖らせていたことを想起してほしい）。

長崎市長がアメリカを公式訪問できたのは、一九五二年に「サンフランシスコ平和条約」が結ばれ独立を回復した結果である。国際社会に復帰できたことで、自治体の長レベルでも――きびしい外貨持ちだし制限があるとはいえ――渡米が許されるようになっていた。田川市長は「セントポール市からの招待」という恵まれた条件で、一カ月におよぶアメリカ旅行を行ない、帰国後、「心がわり」し、「天主堂取り壊し」を明言するのである。

政治とメディアの結託

一方、平和条約がもたらしたことは、渡航往来の自由だけではなかった。サンフランシスコでは「日米安保条約」（旧安保）も、おなじ日に締結されていた。それにより、独立とは名のみ、日本は引きつづき米軍駐留と基地のくびきに縛られることになる。同時に、「自衛力の漸増」も約束されたので、自衛隊創設（五四年）がなされ、国内政治においては、「護憲・反戦」勢力と「改憲・再軍備」勢力が「憲法9条」をめぐりはげしくせめぎ合っていた。「原子力予算」を推進した中曽根康弘は、改憲・再軍備、かつ核武装論者でもあった。原子力予算提出にあたり、軍事利用を危惧する日本学術会議のメンバーに向かって、「あんた方、学者が居眠りしているから、札束でほっぺたをひっぱたいてやるんだ」といったという。

新設された初代原子力委員長、そして科学技術庁長官に就任した読売新聞社社主・正力松太郎は、ＣＩＡから〝ポダム〟のコードネームで呼ばれる人物で、読売紙面に「原子力平和利用キャンペーン」を展開していた。同紙が一九五四年一月、三〇回にわたり連載した「ついに太陽をとらえた」は、〝平和利用＝よい原発〟の先導役となる国民教育の場ともなった。

中曽根と正力、政治とメディアの結合によって――皮肉なことだが「ビキニ事件」の翌五五年――「日米原子力協定」が締結される。それにより、米政権が〝Atoms for Peace〟政策のもと推進した「艦艇用原子炉」を陸上用発電機に転換させ、日本の原発市場を分け合う体制が確立されていく。ＧＥ（ゼネラル・エレクトリック社）が開発した沸騰型軽水炉は、やがて東京電力＝東芝・日立連合に、いまひとつのＷＨ（ウェスティングハウス社）製の加圧水型軽水炉は関西電力＝三菱重工の手におちた。

このように、長崎市長訪米と一九五〇年代の日米政治年表を重ねて解読すると、「原子力エネルギーへの道」へのめざわりと感じた勢力が、浦上天主堂という〝もう一つの原爆ドーム〟を消去すべく――広島のドームとちがい長崎の教会は私有物であったのを利用して――市長に圧力をかけたとも推測できる。「原子力の平和利用」の時代背景をひと皮めくると、政治的なうさん臭さがただよっていた。

ともあれ、わたしは〝原爆ドームを捨てた長崎〟の事情を現地で知ることはできなかったが、つぎの勤務地となった佐世保では、米原子力潜水艦の寄港というテキストによって、「国策と原子力」の関係をじっくり考える機会があった。

Ⅲ

佐世保から始まった「核」を考える旅

——原潜寄港反対闘争と異常放射能事件

「核の現代史」を並走する「原爆から原発へ」の流れ、〝フクシマへの道〟は、おなじ長崎県内のふたつの都市、佐世保と長崎にも——べつのかたちでだが——鮮明にきざまれていた。それは、核爆弾で壊滅した県庁所在地の長崎市、その第二の都市・佐世保に、核エネルギーで動く潜水艦が入港してくるという光景によってである。被爆地と核基地を県内に抱えこむ。その矛盾にみちた光景は、やがてくる「原発時代」のさきがけをなすデモンストレーション——原潜は安全だ——の役割を果たすものでもあった。

わたしは長崎での二年間ののち一九六三年佐世保に転勤し、退職するまでの八年間をそこで過ごした。二四歳から三二歳まで、青春を謳歌したのはこの西九州の港町だ。テレビ局は大いに利益をあげ、すでに地方の新メディアとして磐石の地位を確立していた。佐世保の街も人も刺激的だった。

両都市は、同一県の南北に位置しながら、対照的な土地柄と近・現代史を歩んできた。佐世保は、中世風の町並みと異国情緒が色濃い長崎とちがって——横須賀と同様に——明治期以後の「国策」により人為的につくりあげられた軍港都市だった。

異人館より赤レンガの倉庫と灰色の軍艦が街の風景を規定していた。戦争が街を肥大化させ、侵略戦争がブームを呼びこむ新開地、国家の方針がただちに行政に反映される、霞が関＝海軍省の〝出窓〟のような都市だった。市民の大半は、三代さかのぼると、佐賀や熊本の出身者で占められ、〝艦隊景気〟と〝水兵相場〟が経済を左右し、佐世保の土地柄は――下士官級の海軍除隊者がつくった――〝兵曹文化〟という、やや見下したことばで表現された。

その佐世保。敗戦後、連合軍に接収されて米海軍佐世保基地＝〝Fleet Activity Sasebo〟となった港に、一九六四年一一月、やがて「関西電力美浜一号炉」（一九七〇年運転開始）の原型となる、ウェスティング社製加圧水型軽水炉を動力源とする原子力潜水艦「シードラゴン」が入港してくるのである。「ノーチラス」からかぞえて六隻目の原潜、美浜発電所の運転開始より六年早かった。ここでも佐世保は、霞が関＝「国策の先触れ」を忠実に担わされた。

原潜の入港は日本の〝足の裏〟佐世保に⁉

わたしが佐世保市民となったのは、一九六三年五月のことだ。このとき、ライシャワー駐日米大使（退職後、核搭載艦船の「一時寄港＝transit」は「核の持ち込み＝introduction」にあたらないとのべた人物）による、日本政府への「原潜寄港申し入れ」（六三年一月）から五カ月経っていた。サセボは、突然、日米安保の最前線に立たされることになった。

ライシャワー大使は一月二七日の日記につぎのように記している（『ライシャワー大使日録』、講談社、一九九五年）。

日本政府は、わが国が原子力潜水艦の寄港許可を求めている事実を発表。この件では何度となく日本政府に打診してきたが、その都度、とんでもない、口にするのもやめてくれと断られてきた。だが、世論も変わってきたようだし、数週間前（一月九日）に再び持ち出してみたところ、日本側の態度はこれまでと違い、今回の公の発表となった。まったく、世の中は変化するものだ。

こうして、政府の態度が「寄港受け入れ」にかたむくにつれ、佐世保の世論はその是非をめぐって、文字どおり沸騰していった。寄港地は、横須賀か、佐世保の二者択一だったからだ。核をめぐる議論——原子炉の安全性、放射能の危険性、核兵器持ち込みの可能性——が、これほど熱心に、かつ、ひろく——市議会で、集会とデモで、中央の専門家を招いた公聴会・講演会で——かわされた場所は、当時、全国どこにもなかっただろう（服部学・立教大学助教授、西脇安・東京工業大学教授たちが、議員や傍聴者に原子炉の構造、放射線の人体被害についてレクチャーした。こんな「市民講座」は日本で初めてだっただろう。お二人とも二〇一一年から一二年にかけて故人になられた)。たちまちのうちに、わたしもその熱気に巻きこまれていった。

一九六三年なかば、受け入れ容認の段階で、最初の寄港地がどちらになるのかはまだ公表されていなかった。横須賀の可能性もいちおう考えられた(沖縄・ホワイトビーチはそのころ「日本」ではなかったので〝フリーパス〟だった)。だが、市長以下すべて、佐世保に来ると確信していた。まずは日本の〝足の裏〟にあたる佐世保をおいてないだろう、と受けとめるあきらめだった。それが軍港の宿命であり、また僻地が果たす役割だと関係者は感じていた。〝足の裏〟という表現について、辻一三市長は、中央の「某有力者」のことばとしてこう書いている。

横須賀は東京に近く、いわば日本の顔にあたるが、佐世保は田舎だし、いわば足の裏だ。どうせ汚れるなら顔より足のほうがいい。(辻一三回想録『沈黙の港』、「沈黙の港」発刊委員会、一九七二年)

この表現に、市長は「非常に憤りを覚えた」(同書)が、同時に観念もしていた。

軍港という宿命

ここで、港から見る佐世保の歴史をざっと素描しておく。さかのぼると、佐世保と歴史の邂逅は、中世のキリスト教宣教師ルイス・フロイスが『日本史　キリシタン伝来のころ』に描いた、湾内「横瀬浦」の発見と開港に発する。一五世紀の佐世保は、平戸や長崎に先だつ、西洋文化の受け入れ口であった。大村純忠は、ここで受洗し、横瀬浦はイエズス会に「寄進された」。そこに壮麗な教会が建立され、佐世保は――つかの間ではあるが――外国に開いた最初の日本領土となった。いま、その地は「米海軍横瀬貯油所」となって、いぜん〝外国領〟である。

佐世保の近代史は、一八九〇（明治二三）年、この地に、対アジア戦争にそなえる帝国海軍の基地が建設されたことにはじまる。「第三海軍区・佐世保鎮守府」の開庁である（最初に第一海軍区・横須賀鎮守府が設置され、ついで第二・呉、第三・佐世保とつづく）。

その結果、西九州のありふれた漁村は、ごく短時日のうちに「西海の浮城」と称される、九州有数の都市に膨張した。軍事の論理によって植民された町、他の地方都市とは明確にことなるしるし――「軍との政治的従属関係」「不均衡な居住者の職業構成」「生産と消費の軍需依存」、および「民衆文化における独自の気質」などが根づいた。

天然の防壁ともいえる港湾環境と明治期日本の富国強兵政策が、軍港都市の性格をかたちづくった。軍事基盤の形成と発展、流入する他国者、外征戦争の索源地としての緊張と高揚、ブームによるにぎわいと「海軍軍縮条約」（ワシントン・ロンドン条約）がもたらした不況、そして空襲による壊滅、海軍解体にいたる末路……。

一九四五年の敗戦により、佐世保の〝坂の上の雲〟の時代は終わった。だが、「軍港という宿命」が佐世保を手放すことはなかった。戦後期における米軍基地という「新たな租界」としての再生過程があとにつづく。

時の流れは、アジア大陸に面した西九州の港湾都市に「戦争と日本」の時代の年輪を、くっきりと刻みつけている。

いますこし「国策の跡」をみておこう。

鎮守府開設によって近代史に登場した瞬間から、佐世保は戦争につながれる宿命をになわされた。「明治の戦争」（日清戦争～義和団事件～日露戦争）にはじまり「大正の戦争」（シベリア出兵）、そして「昭和の戦争」（日中戦争～対米・英・蘭戦争）へといたる期間、佐世保軍港はつねに変わらず海軍の索源地に位置づけられ、いくたの進攻作戦がこの港を力の基盤に発動された。国運を賭けた外征戦争が開始されるとき、連合艦隊主力はこの港に集結し、戦備をととのえ、「名誉ヲ掲ゲヨ」「誓ッテ成功ヲ期ス」の信号旗を交わしつつ港口・向後崎《こうござき》から海原へ出ていった。

進発する艦艇群が、アジア・太平洋の戦場に突き出された〝槍の穂先〟にあたり、軍港は〝柄の部分〟を受けもった。港、軍、民の結合したエネルギーが突きだす力を支えた。地勢・国家意思・市民意識は、分かちがたい三位一体をかたちづくった。戦争のたびに、揺さぶられ、震動し、変貌する地域社会――この軍港都市に映しだされた「出来事・情景・社会変動」は、一九世紀末から二〇世紀中葉にかけての「戦争国家・日本」を観察する普遍的な鏡である。

すべてを破壊し尽くしたかに見えた空襲（一九四五年六月二八日）と敗戦。「西海の浮城」は滅亡した。しかし戦後期においても、「軍港という宿命」は消滅しなかった。鎮守府は「米海軍基地」に変身し、存続した。港の主人公が、戦艦から空母、原潜へと移り変わっても、軍港基盤は活用された。朝鮮戦争～ベトナム戦争～湾岸戦争～イラク戦争……。二〇世紀後半に起こった「アメリカの地域戦争」の数々に、前線補給基地・佐世保の機能が不可欠であった。わたしが市民になったのは――ベトナム戦争期の――そんな都市だった。

原潜入港を前に振りまかれた「安全神話」

さて、原子力潜水艦「シードラゴン」が佐世保に入港した一九六四年は、東京オリンピックが開かれた年だった。東海道新幹線と東京モノレールが開業した年にもあたる。池田内閣が打ちだした「月給倍増」「高度経済成長」政策のもと、日本経済は右肩上がりの躍進をはじめていた。佐世保では、旧海軍工廠の施設払い下げを受けて発足したＳＳＫ佐世保重工業が、おりからのタンカー・ブームで活況を呈していた。当時、世界最大のマンモスタンカー「日章丸」（一三万重量トン）は、この造船所で建造された。さきほど「佐世保の街も人も刺激的だった」と書いたのは、〝世界最大タンカーの造船所〟の誇りが市民を活気づけていたからだ。石炭から石油への「エネルギー革命」が活気のみなもとだった。

そこに「原潜寄港」の報が舞いこんだのである。わたしたち地元記者はオリンピックどころでなかった。「国策受け入れ」のおぜん立てが着々進行し、最初の寄港地は〝サセボ〟に絞りこまれていた。政府は、八月二八日、「米原潜の日本寄港について、安全性に確信を得たのでこれを受諾する」との方針を正式に閣議決定し、アメリカ政府につたえた。政府が依拠した「安全性についての確信」は、八月一七日付「米国政府からの覚書」で、そこには「安全性および運航に関する諸点」として以下があげられていた。

●原子力軍艦は、一〇〇回以上にわたり外国の港に寄港してきたが、いかなる種類の事故も生じたことはなく、また、これらの寄港は、すべて、当該軍艦の安全性についての合衆国の保証のみに基づいて、受入国により認められてきた。

●通常の原子力潜水艦の原子炉は、原子爆弾のような爆発が起らないように建造されている。これらの原子炉に内装されている安全装置は、緊急の際には必ず原子炉を停止するようになっている。

●通常の原子力潜水艦のすべての乗組員は、高度に専門化された訓練を受けており、かつ、高度の安全基準を厳格に守って作られた運航手続に厳格に従ってその任務を遂行している。海軍の原子力運航装置の安全運航の歴史は、これらの予防措置が成功であったことを示している。

●合衆国原子力軍艦の運航の歴史を通じ、原子炉装置に損害を生じ、または周辺の環境に何らかの放射能の危険をもたらした事故はなかった。

フクシマのあとに、この文書を読むと、のちに国内でつくりあげられた「原発の安全神話」とそっくりな構造であることに気づかされる。「いかなる種類の事故も生じたことはない」「爆発が起らないように建造されている」「高度に専門化された訓練を受けており」「周辺の環境に何らかの放射能の危険をもたらした事故はなかった」……

やがて日本各地の原発周辺自治体で繰り返されるのと同一の論理とことばづかいがそこにある。ちがう点といえば、原発受け入れのさい必要とされる「地元自治体の同意」および法律にもとづく「安全審査」がなされないところくらいだろう。軍艦は国際法上、「治外法権」とみなされ、したがって原子炉もふくめ〝アンタッチャブル〟のまま入港が許可された。また、米艦艇の寄港は「安保条約上の権利」でもある、とされた。日米安保の威光は、国内における中央―地方の力の差よりさらに大きかった。日本政府は、米側覚書をそれ以上追究することなしに寄港受け入れを決定した。

佐世保市長は、不安は残るが、政府の認めたことを信じるほかない、とのべ、同日「市民に対するステートメント」を発表した。

原潜入港受諾否応の決定は、国権に属する事項であります。かねて基地市長として、我国外交政策が安保体制下にあるものであるとの現実と、その尊重に目をおおうことのできないことは申しあげるまでもないことであります。したがって、安保条約上、

1964年２月、佐世保市内で開催された原子力潜水艦の寄港反対集会
（手前中央、ハチマキをしているのが著者）

その安全性を確認し政府の責任において、入港の受諾をしたということであれば、何をかいわんやであります。市長としては、その国の方針に善良なる管理者の注意をもって順応しなければならないことは当然であります。

だから、わたしたち佐世保の記者はオリンピックなど上の空だった。国会論戦のスクラップをめくりながら、「原子炉の安全性」や「核兵器持ち込みの可能性」について一から勉強をかさねていった。民放のサツ回り記者にとって、ニュースの基準は、交通事故なら負傷二週間以上、消防車が出動すればぼや程度でもラジオで速報したので、けっこう忙しかった。米軍基地取材は

――発表ものは市政記者が担当したが――事件もの、米兵犯罪がじつに多かったため、毎日朝夕のＳＰ（Shore Patrol）本部警戒はサツ回りが受け持っていた。

そこに「口上書」（verbal note）だの「覚書」（memorandum）といった外交文書解読までくわわったのである。毎週のように開かれる、寄港反対の集会とデモの取材もカバーしなければならなかった。さらに事情をいえば、わたしのいた長崎放送は、新聞資本のはいらない全国でもまれな放送局だったので、（新聞社から天下った上役がいない反面）〝上から下りてくる〟内部情報に期待することができず、ぜんぶ自前でしらべなければならない苦労もあった。

市議会の議論では、「安全性」と「核持ち込み問題」が焦点となった。

核兵器については、田舎記者にとってもさほど難しくなかった。原潜に核爆雷「サブロック」が標準装備されていることは『ジェーン海軍年鑑』や米海軍兵器研究所など公表資料によって明らかだったし、法的側面は、六〇年安保国会でとことん議論しつくされた記憶に新しいテーマだったからだ。米軍基地の広報室（Public Affair Office）に行くと基礎的な軍事情報は教えてもらえた。ＰＡＯのブラント中尉は、大学卒業後はＧＥ社に就職する予定だということで――アメリカはまだ徴兵制をとっていたので――海軍勤務を志願したのだという。わたしと同年代の若者だった。わたしはＧＥが原潜の原子炉メーカーであるなど知らなかった。ずいぶん無知な質問をしたことだろう。もっとも、エンジニアでないブラント中尉がどこまで知っていたか疑問だが。

核爆雷「サブロック」の持ち込み

しかし――。核持ち込み問題の本質は、安保条約をめぐる国内政治にあった。米側覚書には、「核持ち込み」について、

「合衆国政府は一九六〇年一月一九日付の日米共同コミュニケに述べられているとおり、日本政府の意志に反して行動する意図を有しない」

と書かれているだけである。あるとも、ないとも、また寄港のさいは降ろす、とも明言していない。日本側も覚書の文面をそのまま受け入れ、安保条約第六条にもとづく「事前協議」を申しいれていない。

日米安保条約が改定されて、まだ三年しか経っていなかった。新安保の第六条（基地許与）には、在日米軍の基地運用にかんし、旧安保条約になかった「事前協議制度」――在日米軍部隊の「配置」「装備」における重要な変更および「日本国から行なわれる戦闘作戦行動」を対象とした――が導入されていた。とりわけ、岸信介首相が安保条約批准国会

の審議の席で、核持ち込みについては「いかなる場合もノーであります」と、たびたび答弁した、その声がまだ耳に残っていた。「持ち込ませない」には、貯蔵、配備だけでなく一時通過、寄港もふくむとの法制局解釈もしめされていた。ならば、「サブロック搭載」の原潜寄港が、「装備における重要な変更」にあたることは明白このうえない。

その「事前協議制度」を実地にためす最初の事例が、「サブロック搭載原潜」寄港の意味でもあった。市議会の質疑もそこに集中した。だが、米側からの回答は、条約調印のさいの「岸・アイゼンハワー共同コミュニケ」（一九六〇年一月一九日）に記載された、

「大統領は、総理大臣に対し、同条約の下における事前協議にかかる事項については米国政府は日本政府の意志に反して行動する意図のないことを保証した」

という文言を、ただ引用しなぞったものにすぎなかったので、論議はまったくかみ合わなかった。日本政府発表文も、

「米国政府は今回重ねて、安全保障条約の下における事前協議にかかる事項については日本政府の意向に反して行動することはないと保証している」

とのべるだけだったから、論戦は深まりようがなかった。「核持ち込み」が現実にためされたとき、「原潜搭載のサブロック」という具体的な兵器のかたちとなって問われたとき、アメリカ側は黙秘し、日本政府は「いかなる場合もノー」を封印した。両政府とも口

をぬぐって沈黙したのである。

八月二八日に佐世保市長に送られてきた椎名悦三郎外相の「寄港受諾要請」は、「核持ち込み」に関し、ややくわしく説明されたが、いぜん解釈論の域を出るものでなく、「サブロック」への言及は見当たらなかった。外交文書の解釈など地方議会の議員が論じられる領域ではない。

今回の寄港承認は、核兵器の日本持ち込みにつながるものでは絶対にない。核兵器の日本持ち込みについては、事前協議を必要とするが、米政府は、今回改めて、事前協議については、日本政府の意向に反して行動することのない旨文書で確認している。従って寄港承認が核兵器の日本持ち込みとなることは絶対にない訳である。このようにノーチラス型原子力潜水艦の安全性が明らかとなり、また核兵器の日本への持ち込みでもないことが明瞭になった以上、これらの潜水艦は、日米及び極東の安全に寄与する米国艦隊の一部であるから、日米安全保障条約の建前からいって、他の艦と同様に、その寄港を認めることは当然と考える。以上御了解の上、貴職の格段の御協力をお願いしたい。

九月一〇日開かれた臨時市議会は「原潜市議会」といわれた。社会・民社・公明三党共同提出になる「原子力潜水艦寄港反対決議案」をめぐり、九時間四〇分にわたる賛否討論のみが行なわれた。傍聴席も市民であふれた。だが、結局のところ、市議会での論戦は〝信仰の告白〟以上のものとならなかった。基地特需に依存する側は「政府が保証する以上、サブロックは積んでいない」と信じ、反対派は「サブロックを外してくるなどありえない」と反発をつよめた。現実派と理念派が、利害とイデオロギーに立って演説した。市長は「政府の保証を信じるしかない」を繰りかえすだけだった。それぞれが〝役を演じた〟という印象だった。決議案は二二対一八で否決された。

以後こんにちまで、事前協議にかんする外務省の態度は変わらない。そこにもまた、フクシマ・メルトダウン事故が起きるまで、原子力委員会や東京電力がつかっていた口調と瓜ふたつのやりとりを見いだすことができる。

原子炉は安全か？

「サブロック」とならび、第二の問題――原子炉の安全性――はもっと深刻だった。市民の最大関心はもっぱらそこにあった。原潜が港内でメルトダウン事故を起こしたことはまだなかった。だが、それにちかい、核兵器ないし原子炉系統の重大事故を意味する〝ブロークン・アロー〟（折れた矢）、それにつぐ〝ベント・スピア〟（曲がった槍）、〝ダル・ソード〟（なまくらな剣）などのニックネームで呼ばれるトラブルは、いくつも報道されていた。

なにより、寄港申し入れ直後に、最新型の原子力潜水艦「スレッシャー」が大西洋で——動力パイプの故障が原因で——沈没したというニュースが飛びこんできた（六三年四月）ので、市民の関心はいやがうえにも高まっていた。原潜寄港は、一時的にせよ、原子炉が佐世保港内に設置されたことを意味する。であるのに、地元には同意権も立ち入り権もないのか？　原子力委員会は何をしている！

しかし、ここでも、軍事機密と安保の壁が立ちはだかっていた。

政府の要請を受け、原子力委員会は「統一見解」を発表している。（一九六三年三月一一日）

米原潜寄港問題は、当委員会も重大な関心を持って検討してきた。

原子力基本法第二条に『原子力の研究・開発・利用は平和目的に限る』とあるが、これは、わが国の原子力研究などを行なう場合の基本原則を決めたもので、外国政府が原子力を潜水艦の動力として利用する問題と関係がなく、外国の原子力潜水艦の寄港問題にまで適用されるとは考えない。しかし、当委員会は同艦の寄港については、安全性の問題を重視すべきだと考える。そこで外国原潜の寄港を認めようとする場合は、軍艦としての国際法上の地位を考えながら、安全性についての保証を取り付ける。そのうえわが方において原潜による放射性物質の交換の制限、入港前と停止中における艦周辺放射能の測定などの安全上の諸対策をはかる。万一の場合、十分な補償を確保する道を考える必要がある。

原子力委員会は、政府が寄港受諾を閣議決定した八月二八日にも「総合見解」を出したが、そこでも原潜が「国際法上特殊な地位を有するものであること」、「したがって安全審査を行なうことは不可能である」と強調するにとどまった。「重大な関心を持つ」が、なにもしない（できない）。つまり住民の安全よりも条約上の義務を優先させたのである。

〝昭和の黒船〟米原潜が佐世保港に接岸した日

こうして、ひとつひとつ手続きが踏まれていき、一九六四年一一月一二日午前八時、ＳＳＮ５８４「シードラゴン」は港口の向後崎《こうござき》を抜けて佐世保港内にはいり、立神《たてがみ》一号ブイに係留した工作艦「エイジャックス」に横づけした。地元紙の見出しに「昭和の黒船来る」

の文字がおどった。

陸上はデモとシュプレヒコールで騒然としていたが、原潜とエイジャックス周辺だけは奇妙な静けさにつつまれていた。記者たちは甲板を踏むだけでがまんしなければならなかったが、辻市長ひとり、艦長のグーセ中佐に案内されて甲板から艦内に招かれた。下船後、「一次冷却水で沸かしたコーヒーをご馳走になった」と上機嫌で語った。

が、わたしは、同僚記者が、沖縄に寄港した「シードラゴン」に乗艦する機会を得ていて、そのさい、原子炉区画と兵器区画は立入禁止、写真撮影も厳禁だったことを聞かされていたので、コーヒーくらいで丸めこまれて、仕方ないな、などと思った。(だから、正確にいうと、日本への第一回原潜寄港地が佐世保だというのはまちがいだ。シードラゴンは一一月一日、沖縄・ホワイトビーチに入港し、その足で佐世保に来た。〝昭和の黒船〟は幕末の黒船、ペリー艦隊とおなじ航跡をたどってやってきた。)

上陸した乗組員にインタビューしても、ことがサブロックと原子炉の話になると、しっかり口をつぐんだ。

結局、第一回寄港では――サブロックの有無は不明のまま――停泊地周辺の環境に放射線の異常は観測されなかった。このことは、ひとまず市民を安堵させた。

市は、港内各所にモニタリング・ポストを設置し、科学技術庁から委嘱された佐世保海上保安部のモニタリング・ボートが、シードラゴン周辺を一日何回も周回して大気と海水を採取した。それらは科学技術庁の手で分析され毎日公表された。第一回寄港、異常なし。第二回寄港（六五年二月二日）異常なし。第三回（五月二五日）同……。

佐世保への原潜寄港は、ほぼ三カ月に一回のローテーションで定例化していった。横須賀に初めて寄港したのは、一年半後、通算九隻目の「スヌック」（六六年五月二九日）である。〝足の裏〟の役目は終わったらしく、以後、横須賀入港の回数が増えてゆき、わたしたちの関心もしだいにうすれていった。記者クラブでは「原潜寄港も、もう〝出船・入船〟扱いだな」などの軽口が交わされたりした。そういわないまでも、記事は確実に小さくなった。

それより、佐世保港は空母の入港で賑わっていた。アメリカのベトナム戦争介入がおおっぴらになるにつれ、「補給と休養」目的の空母艦隊がたびたび入港した。ふるいノートに、六四年一三隻、六五年四隻、六六年六隻、六七年八隻、六八年一三隻、六九年一六隻、と艦名を記している。赤碕岸壁に接岸中の空母が火災を起こしているのを目の前で見たことがある（六七年空母ケアサージ。後刻三人死亡と発表された）。

上陸する空母乗組員を通じてマリファナ（大麻）持ち込みが頻発するようになったので

（一度にポリ袋に詰めこんだ一三キロの大麻草が押収されたことがある）、基地回りは忙しかった。たかだか乗組員一〇〇人程度の原潜とちがって、空母艦隊が入港すると、半舷（半数）上陸でも二〇〇〇人以上の水兵が街に繰りだした。外人バーは艦隊景気に沸き、原潜のことは忘れかけられようとしていた。

「異常放射能事件」が起こったのは、そんな時期だった。

異常放射能事件発生

一九六八年五月七日付『西日本新聞』は、「放射能を調査している佐世保海上保安部のM８０２調査船は、佐世保港に停泊中のソードフィッシュ号の周辺海域で放射能測定中、午前一〇時七分、平常の一〇〜二〇倍にあたる異常値を検出した」と報じた。完全なスクープだった。

当日、わたしは休みをとり下宿で寝ていた。その年一九六八年は、一月に原子力空母「エンタープライズ」の入港があり、おなじ月、佐世保からひそかに出航した情報収集艦「プエブロ」が北朝鮮・元山港内で拿捕される衝撃的な事件もかさなり――そのため、空母エンタープライズは、出港後も東シナ海にとどまった――ほとんど休みのとれない日々

佐世保港の沖合に停泊中の原子力空母エンタープライズ

がつづき、代休消化をデスクに命じられた。ありがたくはあったが、それにしても海上保安部担当記者が原潜寄港中に休みをとることじたいに、寄港の日常化がしめされているともいえた。わたしは、ただちに呼び出された。

ソードフィッシュは通算一三隻目の佐世保寄港原潜だった。この間、横須賀への寄港が八回つづいたため、前回から一年二カ月、間が空いていた。

停泊五日目の五月六日午前一〇時、M802調査船が定例の測定作業を開始した。原潜周辺を五周、三〇メートルから一二〇メートルまで距離をひろげつつ速力二ノットで渦巻状に回る。船上に設置されたGMカウンター、海中につり下げたシンチレーション・カウンターが大気と海水の放射線量を計測・記録していく。異常値が検出されたのは五周目の三地点からであった。ふたつのカウンターともに同傾向の測定記録をしめしていた。

市役所は騒然となった。出張先から呼びもどされた辻市長は怒り心頭に発していた。原潜から放射性物質が漏れた事実もさることながら、科学技術庁の秘密主義に憤まんをぶっつけた。科学技術庁の観測班は、一回目に検出された高い数値に疑問をいだき、報道陣には「風波が高く、放射能の測定調査はできなかった」と虚偽の発表をする一方で、再調査を行なったのである。二度目の調査で異常値は検出されなかった。そのため最初の事実は伏せられ、市の対策本部には「異常は認められなかった」と通報された。が、西日本新聞記者は、通常でない時刻に再調査するM８０２調査船に目をとめスクープをものにしたのである。結局、市に正式通報があったのは異常値検出から三〇時間後だった（こうした情報隠しも、フクシマで追体験することになる）。

追い撃ちをかけるように、ソードフィッシュの出港日が九日から一一日に延期、と発表された。基地側から「ソナー部分に故障が発見され米本土から交換部品の到着を待つための措置で、原子炉系統の故障ではない」と説明されたが、出港延期、故障修理というどちらも初めての事態に、だれしも「異常数値検出」との関係を疑わずにいられなかった。原子炉の安全性、健康への危険、風評被害が、ふたたび市民の関心事となった。

「安保体制という国策」の壁

佐世保で起きた「異常放射能事件」は、またたくまに全国ニュースになった。国会で取りあげられ、鍋島科学技術庁長官、東郷外務省北米局長はともに、原子力委員会による徹底的な調査を約束するとともに、

「(原潜寄港を) 許可できるものなら、できるだけ許可する方針で交渉するのだが、寄港を拒否できることは確かだ」(鍋島長官)

「放射能汚染があれば、これは約束違反であり、安保条約以前の問題としても、当然、入港を拒否できる」(東郷局長)

と答弁した。

原子力委員会は、佐世保入りした専門家グループの報告をもとに、五月一四日、

「現在までの専門家会議の中間報告によって考えると、この異常値は、原子力潜水艦からの放射能である疑いがあるようである。今回の異常値は人体に実害を及ぼすものではないが、従来見られなかった異常が今回認められた事実に注目せざるをえない」

とのべ、米国側に資料提供をもとめた。

放射能漏れを起こした原子力潜水艦「ソードフィッシュ」(『米国原子力潜水艦　第13回佐世保寄港に関する記録書』〈発行・佐世保市〉より)

「人体に実害を及ぼすものではない」という発表は、フクシマ後にいやというほど聞かされた「ただちに健康に影響を及ぼすものではない」の元祖である。ともかく直後の段階では「寄港拒否」も視野に入れた〝グロ説〟を打ちだしていた。

つづけて五月二七日に公表された「原子力潜水艦ソードフィッシュ号の寄港中に観測された異常測定値についての検討結果」(報告)は、原因究明にすこし踏みこんで――

①今回の異常測定値は放射能によるものと考えるのが妥当である。

②ソードフィッシュ号以外の放射線源については、見当たらなかった。したがって、ソードフィッシュ号から何らかの放射性物質の放出があったとの確信を深めるに至った。

③放射性物質の核種については、異常測定値が

えられた直後の海水の採集がされていないため、その確認を行なうことができなかった。
④原因を解明するために、関連する諸事項について米国側に多くの質問をしたが、軍機にふれる点が多かったため、科学的な解明に役立つデータの提供を受けることができなかった。
⑤したがって、今回の異常測定値は放射能によるものと考えるのが妥当であるが、それをソードフィッシュ号によるものと確認するには至らなかった。

原潜犯人説の「確信」は得られたものの「確認」まではいたらなかった……。原子力委員会報告はそう読める。米側の「軍機」という〝黙秘権〟を日本政府は破ることができなかった。それが「安保体制という国策」の壁であり限界だった。同時に「寄港拒否」の姿勢も後退した。

「わが国は日米安保条約により、施設を米軍に使用させる義務がある。原因究明まで寄港を拒否する考えは今のところない。米側の注意を喚起したい」

と佐藤首相は答弁した。日本側の姿勢がこうであったから、そうと知れれば、米側が真剣に原因究明に応じるなどありえないことだった。

米側は、一貫してソードフィッシュ犯人説を否定しつづけた。最初は「レーダーによる干渉」や「電気溶接のスパーク」をあげた。これらが日本側の行なった再現実験で否定されると——放射性物質の核種が特定されなかったことに着目して——つぎのような〝原潜無罪説〟を主張するようになる（五月三〇日在日米国大使館発表「佐世保事件について」）。

……コバルト60は、原子力潜水艦であることを示す一種の証明、いわば原子力潜水艦の指紋である。コバルト60は重く、ほとんど直ちに海底のドロに沈殿するのが普通である。コバルト60がそこ（ソードフィッシュ停泊地海底）に存在していたとすれば、発見されるに十分な量が存在していたであろう。発見されなかったのは、そこに存在しなかったからである。そしてそこに存在しなかったのは、放出されなかったからである。

この三段論法による論点のすり替えによって、原因究明は、結局、うやむやのうちに終わった。米側は、最後まで「原潜シロ」の線で押し切り、責任の所在、補償（おもに風評被害による漁業者への影響）はおろか、「停泊中は一時冷却水を排出しない」という最低限の要求にも確約をあたえなかった。緊急出港時に動力始動のさいに必要、という軍事上の理由からである。こうして、地元の不安に答えることなく「異常放射能事件」の幕は引かれ、国民の関心も佐世保から離れていった。(放射線漏れは、その後も横須賀、沖縄・ホワイトビーチでもたびたび起こった。しかも七二年五月のホワイトビーチや〇六年の横須賀の場合、放射性核種・コバルト60が検出されたが、そのとき米側は、佐世保で主張した「コバルト指紋説」など忘れてしまったように〝シロ説〟を繰りかえした。)

一九六八年一二月一七日、一四隻目の原潜「プランジャー」が佐世保に入港してきた。「異常放射能事件」がもたらした〝謹慎〟期間は、わずか七カ月にすぎなかった。

佐世保を離れ、より広い世界へ

わたしは、いささかうんざりしていた。「国策」としての原潜寄港、それによって目の前で起こることとの埋めようのないギャップ、事実と説明の矛盾、翻弄・無視されるまま中央にとどかない地元の声……。原潜寄港がもたらした政治の現実にたいするじれったさであった。徒労感、とはちがう。仕事は充実感に満ち満ちていた。

しかし、現場にいながら――そのゆえに――全体を見わたせないいらだちが内心にふくれあがっていた。そこにはむろん、エリアが西九州に限定されたローカル放送局という舞台の狭さからくる功名心めいたものがあったが、同時に一方で、内心にも矛盾した気分をかかえていた。原潜取材は面白い、刺激的な取材対象となっていた。待ち遠しい、といわないまでも、原潜寄港は、わたしにとってもつねに新たな問題を突きつける〝黒船〟であった。佐世保基地と、その奥にひろがる在日米軍基地や安保体制が、いつのまにか最大の関心事になっていた。

六八年一月の原子力空母「エンタープライズ」入港、それにともなう「佐世保事件」が決定的になった。ベトナム戦争に「北爆」（北ベトナム爆撃）というかたちで関与する米空母が、日本防衛を約した安保条約のもとで堂々と入港してくる――それとともに、〝兵曹文化〟にひたってきた市民がデモ隊の側に立って機動隊の壁に相対したという意味でも――目の覚めるようなできごとだった。それにつづく「プエブロ拿捕事件」と「異常放射能事件」は、田舎記者の目を外の世界に見開かせる動機づけになった。腕がむずむずする気持ち、もっとひろい世界を見てみたい、という思いがふくれあがっていった。

じっさい、佐世保でのわたしは、〝安保の雑報記者〟の境遇をたのしんでいた。ベトナム戦争が苛烈さを増すなかで、サツ回り、基地回り、港回りの興味ある仕事の大半は、米軍の動きに発するもので占められていった。翼に弾痕をとどめた戦闘機を飛行甲板に並べた空母の入港（北ベトナム上空で被弾したのだ）、米軍岸壁から市内に浸透するマリファナ・

大麻樹脂（外人バー街が巣窟だった）、ベトナム帰りの米兵が引き起こす猟奇的な犯罪のひんぱつ（米兵が日に日にすさんでいくのが外人バーの雰囲気でわかった）と日本側の無力な対応（日米地位協定により現行犯以外、身柄は米側に引き渡された）、基地に振り回される市政（基地負担の引き換えに国の補助金を引きだすのが精一杯だった）……。佐世保のサツ回りは〝安保のどぶ浚《さら》い〟のようなもので、そこに大きな政治が映しだされているのがよく見えた。しかし、あまりに狭い世界でもあった。

そんなころ、沖縄から「コザ事件」のニュースが伝わってきた（七〇年一二月）。コザ市（現沖縄市）の路上で米兵の交通事故に憤激した市民が米人所有のYナンバー車両を焼き討ちにし、嘉手納基地に侵入したという。佐世保では考えられないことが起こっている……。沖縄では、「核抜き・本土なみ、憲法のもとへ復帰」という県民のねがいが、「現状維持返還」へと大きくねじ曲げられつつあった。安保の最前線は沖縄に移っていた。それに、原潜寄港の度合いも横須賀に比重が移りつつあった。どうやら〝足の裏・佐世保〟の役割はひとまず終わったらしい。ここに居すわっていていいのか？

わたしは佐世保を去ることにした。七一年七月、会社を辞めフリー・ジャーナリストになった。一〇年間の経験をたよりに、もっとひろい場所で〝安保の雑報記者〟になろうと思った。東京に出てきたのは、その年の暮れだった。

Ⅳ　オキナワの地に立って見えるもの

――今もつづく「琉球処分」の歴史を読み解く

復帰前の沖縄

フリーになって最初の取材地は――まだ佐世保に住んでいたが――当然ながら沖縄だった。

九州そだちのわたしにも、あの夏の日差しは忘れがたい。目を射るような陽光だった。一九七一年八月、具志川市（現うるま市）栄野比《えのび》の路上にわたしは立っていた。住民すべてが避難させられ白く浮き上がった道を、濃い緑色の軍用車列が、ヘッドライトを点灯したまま目の前をゆっくり通りすぎていった。前と後に「POISON　毒性物」「EXPLOSIVE 爆発物」と書かれた白い板の標識、荷台は幌ですっぽりおおわれていた。はじめてきたわたしに、その場所が「栄野比」だとわかったのは、道路脇に「毒ガス撤去対策栄野比支部」の立て看板があったからだ。そばの町田理容館にも、となりの店にも人の気配はない。ところどころに立つＭＰと警察官のほか、あたりから生活感が消えていた。なにか無言劇を見ているような印象だった。

沖縄からの「毒ガス撤去」＝レッドハット作戦、それが、わたしのフリー記者最初の取材となった。

七一年は、その年六月に「沖縄返還協定」が調印された年にあたる。沖縄はまだアメリカ施政下の〝外国〟とされていた。沖縄に行くには、総理府発行の「身分証明書」――そこには「本土と沖縄の間を渡航する日本人であることを証する　内閣総理大臣」と書かれてあった――それと米民政府の「入域許可証」が必要だった。

沖縄をえらんだ理由はいうまでもない。県民のねがった「核も基地もない沖縄」が踏みにじられ、ほど遠い内容の返還協定――「安保条約等の適用」（第二条）、「基地の使用」（第三条）――を押しつけられた「復帰前年の沖縄」（正式復帰は一九七二年五月一五日）、その基地の実情と人びとの思いを知りたかった。

佐世保の米軍基地しか知らなかったわたしに、沖縄本島中部に立ち並ぶ米軍基地群は、驚愕の一語に尽きた。ドルが通貨であったことと同様に、毒ガスも核兵器も、沖縄ではごくあたりまえの存在だったのだ（原子砲「オネスト・ジョン」、核つき地対空ミサイル「ナイキ・ハーキュリース」、中距離核ミサイル「メースB」の配備は公表されていた）。いちばん大きな道路――といっても那覇から中部までしか通じていなかったが――は「軍用一号線」だった。着いた翌日、新聞で「毒ガス移送」の記事を読み、具志川に出かけたのが、フリーライター最初の取材になった（掲載のあてなどなかったが）。

いつから沖縄に毒ガスが貯蔵されていたのだろう？　公開された米公文書——たとえば中央大・吉見義明教授が一九九一年に発見した統合参謀本部と陸軍文書——によれば、それは沖縄戦終結直後にさかのぼる。

アメリカは「対日毒ガス戦」を計画していた。東京や九州が標的だった。毒ガスの「使用」は一九二五年のジュネーブ議定書で禁止されていたものの、「生産・貯蔵」に規制はなかった。アメリカは、日本が中国で毒ガス戦を実行したことへの報復を口実に、太平洋戦線にイペリットやホスゲンを詰めた砲弾を輸送した。それが沖縄における毒ガス貯蔵のはじまりであった。

対日戦に決着をつけたのは毒ガスでなく核爆弾であったが、戦後の冷戦期、アジアで相次いだ地域戦争の時期、朝鮮戦争やベトナム戦争を戦うなかで、アメリカの化学兵器は増大し、多様化した。朝鮮戦争での使用は確認されていないが、ベトナム戦争ではジャングルを枯死させる「枯れ葉剤作戦」（「エージェント・オレンジ」）としておおっぴらに使われた。その拠点のひとつが知花弾薬庫（現嘉手納弾薬庫）であったことに疑問の余地はない（わたしも、佐世保の針尾弾薬庫に化学兵器が貯蔵されているといううわさを聞いたことがあるが、確認できなかった）。

毒ガス貯蔵の事実が発覚したのは、一九六八年、具志川市で小学生二〇〇人以上が原因不明の皮膚炎症を起こしたのがきっかけだった。翌年、米ウォール・ストリート・ジャーナル紙が知花弾薬庫の神経ガス漏れ事故を報じ、国防省も貯蔵と事故発生を公式にみとめた。琉球立法院の毒ガス撤去決議、沖縄県祖国復帰協議会による抗議大会、屋良《やら》朝苗《ちょうびょう》琉球政府主席の上京要請など県民の強い反発と抗議を受け、二年後、米軍は撤去へ動かざるをえなくなった。「化学兵器禁止条約」が締結されたのは一九九六年のことだが、それ以前に「毒ガス撤去」を実現させた例は沖縄のほかにない。

とはいえ、いま振り返ると、「毒ガス移送」は「核抜き・本土並み」をしめすセレモニーであったような気がする。二〇一〇年に民主党政権下でなされた「外交文書検証作業」の報告書によれば、日本政府は――日本政府はアメリカの「核抜き声明」にもかかわらず――裏で「再持込みの権利」をあたえていたのである。日本国内向けとことなる「密約」の存在。つまり〝核抜き〟は、言葉以上の重みをもつものではなかった。

当時の佐藤政権は、米側の要求に屈伏し、さらに、核にかんするＮＣＮＤ（Neither Confirm Nor Deny＝存在について肯定も否定もしない）政策に配慮しつつ、かつ県民に「核抜き」を約束した手前、なにか「目に見える成果」を模索していたにちがいない。公開下の「核撤去」など米側が受けいれないことは確実だった。たぶん、そこで代替案としての毒ガス移送「レッドハット作戦」実施という段取りになったのだろう。そこには核抜きを別問題にすり替える、日米合作の「政治劇」という側面がうかがわれる。

知られているとおり、核兵器撤去の公開された「移送作戦」が行なわれることはなく、また、米側から公式声明もなされなかった。毒ガス撤去を、核の〝毒消し〟がわりにしたにちがいない。

一九七一年夏の光景はまた、今日の「普天間基地移設計画」ともかさなって映る。「危険な普天間基地」――そこを「世界一危険な飛行場」と表現したのはラムズフェルド米国防長官である――が、「返還の時期は辺野古に新基地建設したのち」へと変わっていく経過によく似ている。住民の安全より軍事目的を優先する米側の体質、また、日本政府といえば、ここでも「高度の軍事機密」、くわえて「アメリカの抑止力維持」を理由に不介入と譲歩を続ける一方で――毒ガス撤去の移送費用は全額肩代わりしカネで解決したように――海兵隊のグアム移転経費を海外版〝思いやり予算〟によって負担している（〇九〜一一年度三年間だけで九六三億円提供された）。結局のところ、民主党政権も「対米追随の国策」においては、自民党とともに忠実だった。

沖縄にはいまも――化学兵器はないにしても――クラスター爆弾（同禁止条約違反）や

劣化ウラン弾（放射線障害を起こす）、白リン弾（ナパーム爆弾より強力な焼夷弾）などが、いぜん貯蔵され、嘉手納基地から訓練発進する戦闘機の翼下にぶらさがっている。そこに核爆弾が「再装着」される可能性もいぜんある。「毒ガス移送」からは四一年経ったが、沖縄基地問題の本質はいまだ変わっていない。そして沖縄は二〇一二年、復帰四〇周年をむかえた。

「国策」に翻弄される歴史

ここで、「オキナワとフクシマ」の共通性を――さきにみた佐世保をひとつの〝補助線〟にしながら――考えてみよう。

第一は、これまで表記してきたとおり、どちらもオキナワ、フクシマと、片仮名の「普通名詞」であらわされる点にある。米軍基地オキナワ、原発地帯フクシマは、ヒロシマとナガサキとともに（そしてキョウトやヨコハマ以上に）、普遍的な日本の地名になった。名誉なことではないが、世界が教訓を学びとる負の遺産として「核の時代」に開示されている。とくに「3・11後」のフクシマは、ビキニやチェルノブイリと同列の世界史的な存在＝地名である。だれの目も遮ることはできない。ヒロシマ・ナガサキ（一九四五年）、ビキニ（一九五四年）、スリーマイルアイランド（一九七九年）、チェルノブイリ（一九八六年）、そしてフクシマ（二〇一一年）……。

第二に、沖縄と福島が、ともに〝まつろわぬ者〟たちの末裔《まつえい》、また〝寄る辺なき民〟としてのルサンチマン（怨念）と哀切な記憶を共有している点であろう。

「東北」地方と「南西」諸島という呼び名からすでに、僻遠性ないし差別と疎外のひびきが聞こえてくる。そして会津戦争における「白虎隊」の悲話、沖縄戦における「ひめゆり学徒隊」の悲劇をかさねることによって、それはいっそう強調される。語りつがれる飯盛山での少年たちの集団自刃と摩文仁《まぶに》の丘での少女たちの集団自決は——時空を超えて——見捨てられた者、滅びゆく土地に捧げられた鎮魂歌のように感じられる。

福島から見ていこう。

福島は首都圏から二〇〇キロ前後だから、地理的に僻地とはいえない。しかし、「みちのく」「奥羽《おうう》」「陸奥《むつ》」に共通する「奥」の文字がしめすように——また、「えぞ」「えみし」のことばに表されるように——古来より「やまと」から〝距離の暴虐〟とも形容すべき差別と疎外の仕打ちを受けてきた。

ことに幕末・明治の歴史はそれをよく物語っている。

福島＝会津藩は、薩・長など官軍によって「賊軍」とみなされた。藩主・松平容保《かたもり》が幕府から京都守護職を命じられ、尊皇攘夷派の活動――いまふうにいえば尊攘派によるテロ攻撃――の取り締まりにあたったのが憎悪の的となった。明治維新とは、たとえると、ソ連軍撤退後、タリバーンが制圧した九〇年代前後のアフガニスタンのような、昨日のテロリストたちが首都に乗り込んでつくった新政権だったから、旧幕府方の雄藩・会津への報復は必至だった。弁明はいっさいはねつけられた。「会津戦争」ののち、鶴ヶ城は白虎隊の少年たちとともに壊滅した。

以後、「白河以北一山三文」と、迫害・蔑視される苦難の時代がやってくる。生き残った会津の侍たちは、下北半島・斗南《となみ》藩に放逐された。こんにち、東北電力の「原発」、国の「核燃料再処理センター」「放射性廃棄物埋設センター」が立ち並ぶ六ヶ所村周辺である（そこはまた、徳川時代、幕府が懲罰のため大名に転封を命じたいわくつきの不毛の地でもあった）。

のちに陸軍大将になった会津人・柴五郎は『ある明治人の記録』につぎのように書き残している（仮設住宅に起居し、また全国各地に散らばった震災避難民の心情と相通じるものがあるのではないか）。

陸奥湾より吹きつくる寒風、容赦なく小屋を吹き抜け、凍れる月の光さしこみ、あるときはサラサラと音たてて霙《みぞれ》舞いこみて、寒気肌を刺し、夜を徹して狐の遠吠えを聞く。終日いろりに火を絶やすことなしも、小屋を暖むる能わず。背を暖むれば腹冷えて痛み、腹を暖むれば背凍りつく如し。

白き飯、白粥など思いもよらず、海岸に流れつきたる昆布若布などをあつめて干し、これを棒にて叩き、木屑のごとく細片となしてこれを粥に炊く、色茶褐色にして臭気あり、はなはだ不味なり。山野の蕨の根をあつめて砕き、水にさらしていくたびもすぐうち、水の底に澱粉沈むなり。これに米糠をまぜ、塩を加え団子となし、串にさし火に焙りて食う。不味なり。……

斗南藩への移封により、おびただしい餓死者が出たとつたえられている。処分が解かれたあとも、賊軍・会津藩はじめ佐幕派「奥羽列藩同盟」にくみした旧武士が、新政府にのぼる道は閉ざされていた。唯一の前途は、細い一条の道——官費で学べ、実力主義がまだしも通用する軍学校（陸軍士官学校と海軍兵学校）——にしか見いだせない。東条英機（と父・英教）、斎藤実、米内光政、石原莞爾、井上成美ら昭和期の陸海軍を率いる将軍・提督が東北地方の出身であることは、偶然ではないだろう（それはまた、べつの意味での〝東北ルサンチマン〟として論じることもできるけれど）。

一方、オキナワの場合、明治政府による「琉球処分」が科せられたことで知られる。沖縄は、中世より「琉球王国」として「万国津梁《ばんこくしんりょう》」（世界の架け橋）を国是とする――古代フェニキアのような――中継貿易に拠って立つ国だった。維新後の一八七二（明治五）年「琉球藩」に格下げされ、七九年には処分官・松田道之《みちゆき》が来島して中国との関係廃絶を要求される。明治政府は、反対論を鎮圧するため軍隊をもちいて首里の王城を占拠し、中央直轄の「沖縄県」に組みいれた。ここに五〇〇年にわたった琉球国の歴史が終わる。旧国王・尚泰は東京移住を命じられた。一連の日本への併合過程――国内植民地化――が、「琉球処分」であった。

以後、沖縄県は、沖縄戦、敗戦、サンフランシスコ平和条約による独立など現代史の節目ごとに、「国策の道具」として、あるときは〝本土決戦の捨て石〟、あるときは〝日本独立のための本土からの分断〟またいまは〝米軍抑止力維持のかなめ石〟として使われつづける。

したがって、第三の共通点は、ともに「国策の生贄《いけにえ》」となった戦後の歩みにおいてである。フクシマのシンボルが「原子炉と温排水」であったとすれば、オキナワの戦後は、

「星条旗と基地のフェンス」に象徴されよう(もっとも、厳密にいうならば、原発群が建ち並ぶ「浜通り」のフクシマと、白虎隊の「会津」を同一視するのはまちがいだと指摘されるのを承知している)。

フクシマ・普天間・辺野古・高江を貫くもの

つぎに、目を「東北」から「南西」に転じて、沖縄の戦後史とはどのようなものであったか、を見ていく。

琉球国が「守礼の邦」といわれたように、中近世の沖縄は、戦いや軍隊と縁のない歴史をもっていた。一八一七年、那覇に寄港したイギリス軍艦「ライラ」のバジル・ホール艦長がこのことを知り、航海の帰途、セント・ヘレナ島で幽閉中のナポレオンと会見したさい、「武器と戦争のない島」を話題にして英雄をおどろかせた逸話がのこされている。一九九〇年代に知事をつとめた大田昌秀は、最高裁大法廷における「米軍用地強制収用の代理署名拒否」訴訟の意見陳述(一九九六年七月一〇日)で、こうした伝統を指摘しながら、争いを忌み嫌う「非武の文化」の特質を強調した。

「琉球処分」がなされたのち、沖縄県に軍隊が配備されることはなく、徴兵事務にあたる連隊区司令部が置かれるにとどまった。「沖縄には軍人一人と軍馬一頭」（連隊区司令官とその乗馬だけ）と揶揄されるほど、軍事・軍備と無縁がつづく。南方防衛の主力が、日清戦争で獲得した新植民地・台湾におかれたからである。

沖縄県の運命が暗転するのはアジア太平洋戦争、それも末期になってのことだった。日本軍部が「絶対国防圏」と名づけたマリアナ諸島（グアム・サイパン・テニアン島）が米軍の手に落ちる（一九四四年六月）と、台湾と南西諸島が進攻路の最前線に立たされることになった。マリアナ失陥の段階で――東京以西の全都市はＢ‐29爆撃機の攻撃圏にはいったので――戦争の帰趨は定まったのだが、軍部はなお「本土決戦」を呼号した。

南西諸島を防衛する西部軍指揮下の第三二軍が編制されたのは、サイパン戦開始直前の四四年三月、部隊が移駐してきたのは六月になってからだった。四五年二月、元首相の近衛文麿が天皇に「敗戦ハ遺憾ナカラ最早必至ナリト存ジ候」と進言した（「近衛上奏文」）のにたいし、天皇は「和を乞うとも国体の存続は危うく、戦って行けば、万一の活路が見出されるかも知れぬ」と答えた（矢部貞治『近衛文麿』）。沖縄決戦は避けがたいものとなった。こうして「万一の活路」のための捨て石が準備された。

「鉄の暴風」と形容される――住民を巻き込んだ国内戦としては唯一の――苛烈な戦闘が四五年四月から六月まで九一日間つづき、兵士を上回る非戦闘員が「国体護持・本土決戦」の犠牲になった。こんにち沖縄戦跡国定公園に立つ「ひめゆりの塔」は、一五万人をこす無告の民の記念碑のひとつである。

一九四五年八月、日本は、「ポツダム宣言」を受け入れ降伏した。しかし、沖縄県民の痛苦は終わらない。本土で実施された占領が、ポツダム宣言履行のための「保証占領」ないし「平時占領」であったのとちがい、沖縄は、戦時国際法にいう戦闘のすえの「軍事占領」、つまり、「砲兵が制圧し歩兵が占領する」戦闘の末に終戦をむかえた。その「軍事占領」は戦争終結のあとも終わらなかった。

その間の経過を、冒頭紹介した那覇地裁あて提出の「高江へリパッド裁判意見陳述書」に書いたので、その部分、「2．冷戦後のアメリカの世界戦略と自衛隊」の一部を以下に再録する。ここも堅苦しい文章だがご辛抱いただきたい、

＊

⑴はじめ、沖縄は「安保条約の外」にあった：米軍施政権下の沖縄と日米安保

沖縄戦から今日にいたる沖縄県の法的地位を国際法によって概観すると、以下のように区分できる。

①はじめ、沖縄は「安保条約の外」にあった（一九五一年の締結時、および一九六〇年

「日米安保条約」改訂時、沖縄は米軍施政権下にあり、かつ日本政府により「条約区域外」とみなされた事実)。

②やがて、沖縄は「安保条約とともに」あるようになり(一九七二年「沖縄返還協定」により安保条約の適用がなされ基地権益が引き継がれた事実)、

③そしていま、沖縄は「安保条約のゆえに」新基地建設がなされようとしている(二〇一一年「日米安保協議委員会」において辺野古基地V字案合意が再確認された事実)……。

それらを一瞥するだけで、沖縄では、戦時および異民族支配期はいうにおよばず、本土復帰後においてさえ、一時たりと県民の意志が基地の存在に関与する機会はあたえられなかった歴史経過をうかがうことができる。絶え間なく表明された民意はことごとく無視された。沖縄県民は、憲法第一四条「政治的、経済的又は社会的関係において、差別されない」に反する立法・行政的措置を受けてきたのである。

それぞれの時期をやや詳しく見る。①の期間のうち、一九四五年四月の「沖縄戦」開始から一九五二年四月「対日平和条約」発効までの時期、沖縄は「ハーグ陸戦条約」(陸戦ノ法規慣例ニ関スル条約)第三款「敵国ノ領土ニ於ケル軍ノ権力」のもと、「占領地域」(第四二条)とされた。上陸直後「ニミッツ布告」によって占領宣言した米軍は、同条約の

「占領地の法律の尊重」（四三条）、「略奪の禁止」（四七条）に反して土地を収奪、基地を建設し、それは戦争終結（日本政府によるポツダム宣言受諾）後も継続、維持された。平穏な集落と農地であった宜野湾の集落が「普天間基地」に変貌していったさまは、その典型例であり「北部訓練場」もまた然りである。

一九五二年の平和条約発効後、戦時国際法による支配は無効になったとはいえ、同条約第三条において日本政府が米政府に「（琉球諸島の）領域および住民にたいして、行政、立法及び司法上の権力の全部及び一部を行使する権利を有する」ことを承認した結果、沖縄基地の法的性格および形態にいささかの変化ももたらさなかった。軍人高等弁務官のもと「民政府」が存続し、既接収地の使用権限を「布令」で根拠づけ引きつづき占拠しつつ、冷戦下における基地の拡大が「銃剣とブルドーザー」と形容される強権的な手法でなされた。

日本政府は一九五一年、対日平和条約調印と同日「日米安保条約」を締結した。条約は一九六〇年改定されたが、条約区域はその適用範囲を「日本の施政の下にある領域」（第五条）として沖縄を除外し、沖縄基地をアメリカの自由使用にゆだねた。岸信介首相は、改訂安保条約の批准審議がなされた一九六〇年四月一九日の衆議院安保特別委において、

「事実上沖縄においてどういう施政をするかということは、アメリカが政策的に決めることでありまして、これは法律的に言っては、沖縄はアメリカの自由だと思います。アメリカが思うままにできると思います」

と答弁している。「はじめ、沖縄は安保条約の外にあった」とはそのような意味においてである。一九六〇年代、米側が安保条約第六条附属の交換公文（核持ち込みに関する事前協議）にとらわれることなく、沖縄に核基地（対空核ミサイル「ナイキ・ハーキュリース」、対地中距離核ミサイル「メースB」などの発射基地および核爆弾貯蔵施設）が建設された事実は、岸答弁を裏づける。

対日平和条約により日本から切り捨てられたため、沖縄県民は憲法第一五条の保障する国政参加権を行使できなかった。したがって、一九五一年および六〇年になされた日米安保条約を批准する国会審議に沖縄県選出議員は誰ひとり参加していない。県民は国政への意思表示の機会をあたえられないまま、両条約のもと、無権利状態――あったとしても恩恵――のまま米政府統治下に縛りつけられたのである。

(2)「安保条約とともに」ある沖縄へ：一九七二年施政権返還以後

一九七二年五月、アメリカとの間で「沖縄返還協定」が発効し施政権回復がなされた。

しかし、それは県民がのぞんだ「核も基地もない沖縄」からほど遠いものでしかなかった。以後、沖縄は「安保条約とともに」あるようになり、「日米安保協力のキーストーン」となった。そのことは、同協定第一条「施政権返還」につづく第二条「安保条約等の適用」および第三条「基地の使用」に明らかである。施政権返還＝日本復帰とは、日米安保条約の名によって米軍基地を日本の法の下に組み込み、継続使用させることにほかならなかった。復帰当日の日付をもつ「五・一五合意メモ」（日米合同委における合意）は、沖縄の米軍基地が復帰前同様使用できることを保証されると明記され、しかも内容の大部分は一九九七年まで非公開とされた。結局のところ「本土並み返還」は虚構にすぎなかった。

かりに、復帰した沖縄に「安保条約等の適用」および「基地の使用」がなされたのは自然かつ適法であるとしても、基地提供と使用の権限たる「日米地位協定」は、第二条三項に「合衆国軍隊が使用する施設及び区域は、この協定の目的のため必要でなくなったときは、いつでも、日本国に返還しなければならない。合衆国は施設及び区域の必要性を前記の返還を目的としてたえず検討することに同意する」と規定している。当然ながら本条項にもとづく基地点検がなされねばならなかった。本土においては、朝鮮戦争後の地上部隊撤退にともなう大規模な基地縮小、ベトナム戦争後にも「関東計画」による基地の集約整理が実施された事実を指摘できる。しかるに、沖縄返還において本条項が検討された形跡はなく、ＳＡＣＯ協議のさいにも「北部訓練場」は――すでに「ベトナム戦争」型ジャングル戦訓練場の必要性を失ったにもかかわらず、そしてキャンプ・ハンセンに「テロとの戦い」を想定した海兵隊の都市型訓練場が建設されたにもかかわらず――返還協議が行なわれることはなかった。

かくして、戦時国際法によって占拠され、平和条約から除外され、安保条約締結時「対象外」とみなされた沖縄が、違法な法的性格と形態を保持したまま「日米安保体制」のもと日本に回収・維持されたのである。また、かくして国土の〇・六%にすぎない県土に米軍専用基地の七四%が集中し、本島の一八・四%、嘉手納町（町面積の八二・六%）や宜野湾市（同三二・四%）など中部地区の多くには国内法は事実上及ばない（安保条約第六条に基づく「日米地位協定」による特権）という治外法権的構造（数字は沖縄県基地対策室編『沖縄の米軍基地』〈平成二〇年三月〉による）が、米軍不動の既得権益として固定化し、聖域視されるにいたったのである。

(3)「安保条約のゆえに」：米軍再編と新基地建設

そしていま、沖縄では「安保条約のゆえに」、普天間海兵隊基地の辺野古移設が「米軍再編」合意や「グアム協定」などの日米条約によって強行されようとしている。本件高江ヘリパッド問題もそれと無関係ではない。普天間基地の県内移設、訓練施設確保、オスプレイ配備は日米合意により「パッケージ」ないし「セット」「一体のもの」とされているからである。後述するように、二〇一二年以降沖縄に配備されると通告されたオスプレイは、米海兵隊において「多用途揚陸支援輸送機」に分類されており、回転翼ヘリコプターではない。明らかにそれはたんなる機種の変更でなく「配置における変更」（事前協議の要件）に該当する。高江「ヘリパッド」が、完成後「オスプレイパッド」として使用される実態はあらかじめ明白であるのに、政府は条約上の手続さえ踏もうとせず「パッケージ」に組みこんだ。ここにも積年の違法と隷従の構造が上積みされている。

原因なくして結果はない。これまで見てきた沖縄の基地形成史、日米安保条約との関係から判断して、米軍の沖縄駐屯には正統な法的根拠への根源的な疑問を抱かせる。戦時国際法と日米条約・協定は、つねに住民の権利を蹂躙し、違法な基地の状態を既成事実化するものでしかなかった。最小限、過去いくつかの機会に、たとえば憲法第九五条にもとづく住民投票がなされ民意が問われるべきであった――かつて軍港都市であった横須賀、呉、佐世保、舞鶴の四市においては一九五〇年「旧軍港市転換法」による住民投票が実施された

――にもかかわらず、沖縄県民にそのような権利はあたえられなかった。これら経緯と現実に照らせば、沖縄の置かれた状況は「いまも占領状態にある」といえ、県民には、イギリスの植民地支配にアメリカ人が叫んだような〝No taxation without No re-presentation〟（代表なくして課税なし）を主張する正当な権利がある。「高江ヘリパッド建設反対行動」は「ボストン茶会事件」とくらべれば、はるかに穏健な権利の行使にすぎない。（以下略）

＊

以上の「陳述書」抜粋から明らかなとおり、オキナワの戦後史は、占領～分断～異民族統治～復帰後の苦難という過酷な荒波に晒されてきた。それを〝昭和の琉球処分〟と形容してもいいすぎではないだろう。本島中央部の――かつては肥沃な田園地帯だった――広大な土地を米軍基地に囲い込まれ（中部地区全体の二三・七％）、〝核つき・毒ガスと共存〟する生活を余儀なくされた。中央政府は、それが「国策」であり、日本の「国益」であると、県民に言い聞かせ強いてきたのである。

そして、ここには、「フクシマ後」政府が福島県民につたえた、

「皆さんは、国策による被害者です。最後の最後まで、国が全面に立ち責任を持って対応してまいります」

という誓約も聞こえてこない。「抑止力の維持」と「基地負担の軽減」という相矛盾す

るワンパターンが繰りかえされるばかりである。

もう一度、フクシマを呼びもどし、オキナワとともに「国策」のまな板に乗せ比較してみると、明治の人が「徴兵懲役一字の違い、腰にサーベル鉄鎖」とうたったことばが、新たなつながり――原発と基地――とともに、ふたたびよみがえってくるように感じられる。その比喩は「フクシマとヒロシマ」にもあてはめられる。「原爆・原発一字の違い、むかしピカドン、いまシーベルト」と言い替えてもまちがっていないだろう。ヒロシマ＝爆風・熱線、フクシマ＝放射線のちがいがあるにせよ、本質に変わりない。瞬間か、じりじりとか、の差があるだけだ。

ここにおいて、「フクシマとヒロシマ」が、放射線被害によって通じあう一方、「国策国益一字のちがい、策と益とで民は泣く」とすれば、「フクシマとオキナワ」の共通性が、原発と普天間基地・高江へリパッドの関係によってみえてくる。「フクシマ・オキナワ・ヒロシマ」の三者を、あたかも〝ちょうつがい〟のようにつないでいるのが「国策・国益」というキーワードなのである。

フクシマはエネルギーの、オキナワは安全保障における「国策」であるが、現地にあらわれた事実と結果は、汚染＝居住不能、基地＝立入禁止と、住民が受ける苦しみにあっては変わるところない。フクシマでは、幕末の会津藩士が下北半島＝斗南藩でなめた辛酸が「震災避難民」として再現され、オキナワには戦時国際法のもとでつくられたフェンスとコンクリート壁が、六七年後のいまも、住民を自分の土地から排除している。ヒロシマのヒバクシャの記憶も、まだ色あせていない。

「国策」の名をもってなされた核兵器および核基地と住民の関係性は、考えてみると、「第五福竜丸被災」（一九五四年・ビキニ）や「原潜の異常放射能事件」（一九六八年・佐世保）などによって、つとにほのみえていた。死の灰、放射能、どちらも「核時代の災厄」である。ともに日本人が――唯一ではないが最初に――被害をこうむった。にもかかわらず、フクシマに直面する二〇一一年三月まで、日本人の多くは、「原爆と原発」「核と基地」を、みずからの問題として受け止めようとしなかった。別物としてあつかうか――ないしは「原子力の平和利用」と「非核三原則」という抽象的な次元で――議論してきたのである。

フクシマ事態は大きな衝撃だった。しかし、まだ大多数の人は、「フクシマとオキナワ」を、いまだひとつのつながりとして受け止めていない。いま必要なことは、分断され、隠蔽され、かつ、「国策」の名のもとに強要されてきた原発と基地、「フクシマ・オキナワ・ヒロシマ」の関係を、おなじ視野に収めて考えることではないのか？

また、ヒロシマの本質を――横合いから光を指しかけるように――照らしだした「ビキニの死の灰」や「佐世保での異常放射能」とともに問題意識に取りこむことではないか？

そうすることにより、「原爆・原潜・原発」の被害における同質性、そして「国策のからくり」と欺瞞性が、よりくっきりと浮かびあがるにちがいない。

そこで、ここから以降、「フクシマとヒロシマ」をつなぐ共通項、すなわち、「放射線の人体におよぼす影響」について書いていく。わたしが四〇年ちかくまえに経験した「ビキニ取材」のメモ帳と当時の原稿――わが最初の単行本は『棄民の群島――ミクロネシア被爆民の記録』（一九七九年、時事通信社）だった――をたどりながら、それに最新の情報もくわえてみていくことにする。チェルノブイリと第五福竜丸のさらに〝向こう側〟にある、ミクロネシア・マーシャル諸島・ビキニ環礁とその周辺住民の上に起こった――現在も続いている――突然の災厄、それは「フクシマの将来」をも暗示していると思うからである。

V

〝核の実験場〟ビキニで何が起きたか

――「放射能の恐怖」との出会い

ミクロネシア略図
N
沖ノ鳥島
マリアナ諸島
サイパン島
テニアン島
グアム島
マーシャル諸島
エニウェトック
ビキニ
ロンゲラップ
ロンゲリック
ウトリック
アイルック
ヤップ島
バベルダオブ島
ポナペ島
マジュロ島
ペリリュー島
パラオ諸島
トラック諸島
赤道
ニューアイルランド島
ニューギニア島
ブーゲンビル島
ニューブリテン島
ガダルカナル島

ビキニ取材のきっかけ

わたしがフリー・ジャーナリストの世界に踏みだした一九七〇年代初期、日本経済は――ドル・ショック（七一年）、オイル・ショック（七四年）を経ながらも――高度経済成長からやがてバブル経済にいたる道をまっしぐらに走っていた。「日本列島改造」のブルドーザーが日本中を掘りかえしていた。田中角栄が首相だった時代である。

東京に住むのは初めてで、たよりになるコネもたなかったが、生活に困りはしなかった。そのころは、月刊誌・週刊誌がまだ百花繚乱の勢いを誇っていた。取材記者一〇年の経験をもってのぞめば仕事はいくらでもあった。『現代の眼』『流動』『新地平』『道』『月刊ジャーナリスト』……。いまはなくなってしまった月刊誌の誌名がなつかしく思い起こされる。無署名ならば、週刊誌のデータ記者という手っとり早い稼ぎかたもあった（電話でアポを取りつける要領と手ぎわのいい質問がすべてだった）。

〝安保問題の雑報記者〟になろうと上京したわたしは、核・基地・自衛隊以外のことは書くまいとこころに決めていたので、ある程度ストイックに耐えた（それでやっていけたから幸運な時代だったというべきだろう）。七一年に沖縄の太陽にあてられたあと、本格的に沖縄通いをはじめていた。復帰後も変わらない沖縄基地（「基地特措法」によって米軍基地は温存された）、自衛隊配備という新たな重荷（米軍任務の一部が自衛隊に肩代わりされた）、書くことはいくらでもあった。さいわい社会党の機関紙『社会新報』に米軍基地と自衛隊活動についてのルポ企画が採用されたので、そこで週刊誌データマンは廃業、北海道から沖縄まで国内くまなく回る機会を得て〝全国区〟へと基礎がためする大きな資産になった。

もうひとつ取りくんだテーマが、ビキニ環礁周辺の「核実験被爆者」の調査だった。これは旧南洋群島ポナペ島出身のダニエル・ドサルア・ロペスと出会ったのがきっかけで目の前に現れた。ロペスの父パレンティエンは、戦時中、南洋庁（外務省管轄の統治機関）の呼びかけに応じ日本軍に従軍、ニューギニアで死んだのだ。ロペスは、日本政府に、なぜ約束どおり父を〝名誉の戦死者〟として靖国神社に祀らないのかと迫り、卒塔婆《そとば》をかついで外務省の門前に座りこんでいた。

企画を『サンデー毎日』が取りあげてくれたので、真相をさぐるべくパラオ（旧南洋群島首都）とポナペへ取材に行き、「ポナペ決死隊」二〇人の全遺族を捜しあて（小さな島なのでさほど難しい仕事ではなかった）、終戦秘話、「外務省よ!!　サムライとして散ったポナペ決死隊の声を聞け」というタイトルで五ページの記事を書いた（一九七三年九月三〇日号）。

それがミクロネシアとの出会いだった。

ポナペでいろんな人と会っているうち、「(となりの) マーシャル諸島にはビキニ核実験の〝ポイズン〟(毒) に苦しむ島びとがいる」といううわさを聞きつけた。もちろん「第五福竜丸」の被災、久保山愛吉さんの死については知っていた。だが、おなじ死の灰がマーシャル人にも降りかかっていた――そしていまも苦しむ人たちがいる――などとは想像もしていなかった。眼を突かれた思いだった。翌七四年、〝福竜丸の向こう側〟の光景を知るため、「赤道直下、マーシャル群島」――と戦前の南洋小唄にうたわれた――に出かけた (それが七九年まで、通いづめになるとは考えてもいなかったが)。

つまり七〇年代のわたしは、オキナワとミクロネシアから日本列島を〝見上げて〟いたことになる。南の島で買う地図には、オーストラリア大陸が下半分を占めていて、日本列島は西日本しか記載されず、オキナワは日本の南でなくミクロネシアの北に位置していた。東京に住むわたしは「化外《かがい》の民」のようであった。

ミクロネシアは遠い。そしてフクシマやオキナワとおなじく、過疎の地でもある (文字どおりミクロな島々で、領域はアメリカ合衆国に匹敵するが、陸地はぜんぶ合わせても東京都にみたず、人口も一〇数万人にすぎない)。マーシャル諸島の島々は、日本からもっともはなれた、その東のはずれに位置している。中心島マジュロから奥へは――いまでは飛行機も飛んでいるが、――「北回りフィールド・トリップ」と呼ばれる、コプラ（ヤシの果肉）をあつめる小さな便船が出るのを待って島めぐりしながら行かねばならず、うまくいっても目的地まで二週間はかかった（一回目の場合、ビキニに着くのに一八日、ロンゲラップ島へは二〇日かかった）。僻遠と過疎。アメリカが「太平洋核実験場」を設置した理由も、そうした地理上の理由からで、ここにも〝距離の暴虐〟があらわされていた。

マーシャル諸島をふくむミクロネシアは、太平洋戦争のまえまで、国際連盟委任統治下の「日本領・南洋群島」として知られていた。第一次世界大戦におけるドイツからの獲得領土である（だからロペスの父も、「南洋庁」の奨励で日本軍に〝従軍〟したのだ）。

第二次世界大戦時、ハワイを発し西端マリアナ諸島にいたる米海軍・海兵隊の進攻路にあたったため、いくつもの島々で日本軍守備隊と死闘が演じられることとなった。

いま、オキナワに駐留する海兵隊の先輩たちが〝凱旋の道〟を記しはじめるのは、この「ミクロネシア横断作戦」における一連の強襲上陸作戦によってである。マキン・タラワ（ギルバート諸島）、クェゼリン・エニウェトック（マーシャル諸島）、ペリリュー・アンガウル（パラオ諸島）、そしてサイパン・テニアン（マリアナ諸島）……。

イオウジマのスリバチ山に星条旗を押し立て、「オキナワ占領」が果たされたあと、海兵隊のこんにちの地位が定まる（だから、米海兵隊にとっても、オキナワは日本の南であるより、ハワイ〜ミクロネシアの極北に位置する島と受けとめられているにちがいない。同時に、かれらがいまなおオキナワ基地に執着する理由のひとつに、昭和の日本陸軍が、日露戦争で先輩が血であがなった満州権益を手放そうとしなかった、それとおなじ心理が働いているのだろう）。

なぜマーシャル諸島が「核の実験場」に選ばれたのか

戦闘の嵐が過ぎたあと、南洋郡島民＝ミクロネシアの島と人びとは、アメリカの占領下にのこされた。

日本に代わって宗主国となったアメリカは、ミクロネシアの島々を——日本が統治した時代のような——サトウキビのプランテーションや高瀬貝採取（シャツのボタンになる）、カツオ節づくりなどにつかう気などなかった。核兵器実験場、それがマーシャル諸島にあたえられた新たな役割だった。こうして、第二次世界大戦後の旧南洋群島は従来とちがう支配形態、「核の植民地主義」が君臨する場となる。

ヒロシマとナガサキの惨劇から五カ月後の一九四六年一月、トルーマン大統領は、対日戦に決着をつけた最終兵器・原子爆弾の今後の位置づけについて検討する委員会を設置した。責任者は、国務次官ディーン・アチソンと、すぐに初代原子力委員長になるデービッド・リリエンタールで、三月、最終報告が大統領に提出された。「アチソン・リリエンタール報告」と呼ばれる。意外にも、そこでは「核兵器の非合法化」が提案されていた。

——このような荒廃的な力をもつ兵器はなんとかして戦争手段から排除しなければならない。普通の表現を用いればそれを〝非合法化〟しなければならない。

——原子力を平和目的に発展させることと原子力を爆弾のために発展させることとは、その過程の大部分において交換可能であり、かつ相互に依存している。

——原子力の純然たる軍事的発展を非合法化すること、すべての国に対して責任を負う国際機関に委託することによってのみ安全保障制度に対して信頼しうる見通しが提供されることは明らかである。(『戦後軍縮小史』、アメリカ大使館出版課、一九五九年)

もし、この提案が採用されていたら、その後の世界は——フクシマもふくめ——どんなに変わっていたことだろう。委員会は、原子力の「軍事利用」と「平和利用」のあいだは——交換可能、相互依存の関係にあり——紙一重の差しかない危ういものであると正確に認識していた。そのうえで「国際管理下における核兵器の非合法化」が提案されたのだが、しかし軍部は、できたての新兵器・核爆弾を手放すつもりはなかった。すでに対立が鮮明になりつつあったソ連との敵対関係のなかで、さらに強化し、かつ多様な兵器に拡充することをもとめた。

大統領は、国連のもとの国際管理を模索する一方で、核兵器強化のための実験を命じた。そこでマーシャル諸島ビキニ環礁（すぐにとなりのエニウェトック環礁も追加される）が地図の上から拾い上げられた、というわけだった。大統領の命令で、核実験を実施するに適当な場所の選定を行なったのは、ヒロシマとナガサキへの原爆投下部隊を指揮したカーチス・ルメイ中将であった。ルメイは、「核の地政学」にもとづきビキニを選定した。その理由として、

●アメリカの軍政下にあり自由に使用できる。
●都市・人口密集地から離れている（米本土西岸から八〇〇〇キロ）。
●B－29の航続半径内に米軍基地がある（クェゼリン環礁）。
●気象が安定している（貿易風地帯）。
●実験用艦艇のための泊地を有している（ビキニの礁湖は琵琶湖よりも大きい）。
●その島は人口が少なく、かつ移動可能である。

などがあげられた。ビキニの人口は一六六人。すみやかに移動可能、と判定された。一九四六年三月──「アチソン・リリエンタール報告」とおなじ月──住民は島から退去させられた。七月、無人となった環礁で第二次世界大戦後最初の原爆が爆発した（クロスロード実験）。ビキニの島びとは──ロンゲリック環礁に移っていたので──ヒバクシャになる不幸は免れたが、以後、島を転々と移動し、共同社会は分散させられ、いまもって故郷に帰ることができない。他方、ビキニ周辺にあるロンゲラップ環礁、ウトリック島など一〇以上の環礁住民に実験予告はなされなかった。

おなじころ、アメリカ政府は、占領地・ミクロネシア全域を、自国が全施政権を行使できる「国連信託統治領」に指定するとともに、マーシャル諸島にかんしては「戦略地区」「閉鎖区域」として、国際社会から完全に隔離した。オキナワとおなじような──マーシャル諸島の場合さらに苛酷な──決定だった。一九四九年、ソ連が原爆実験に成功、核保有国の座を占めると、「アチソン・リリエンタール報告」が提唱した「核なき世界観」に死亡宣告が下された。

太平洋核実験場では、一九四六年から五八年にかけて六七回の原水爆実験が実施された。空中投下、水中爆発、搭上実験、また、最大の原爆、最初の水爆もここでためされた。爆発のたびに、マーシャル諸島北部の海と島は、煮えたぎり、いくつかの島が消滅、多くの島が荒廃させられ、そこに住む人は〝死の灰〟と残留放射能の下に置き去りにされた。それは、米ソ間で「部分的核実験禁止条約」が合意される（一九六三年採択）までつづいた。

核実験終了の一六年後に初めてビキニ取材

わたしがはじめてビキニ環礁に行ったのは、一九七四年七月のことだった。実験終了から一六年経っていた。リンドン・ジョンソン大統領によって、六八年に「ビキニ安全宣言」がなされていたので、行く手を妨げたのは時間がやたらかかるという問題だけだった。立ち入りじたいは、安全宣言ののちＡＥＣ（米原子力委員会）が、旧住民に帰島をうながすため——二三発の原水爆が炸裂した——主島ビキニ島で大がかりな除染（クリーン・アップ作戦）を実施していたので、さして困難はなかった。

わたしが着いたときには、表土をはぎ取って入れ替える作業と五万本の椰子を植える作業は完了していた。ＡＥＣは、

「残留放射能は消滅し、識別しうる影響は動物にも植物にも存在しない」

と、除染完了を発表し、新しい住宅建設がはじまっていた。ビキニ環礁のザクザクした

砕けサンゴの砂浜に初めて接したのは、そんな時期だった。

たしかに、ラグーン（礁湖）に面した浜沿いの一帯は、エメラルド・グリーンの海と白い砂浜、椰子の緑が優美な景観をきそっていて、そこに、こぎれいなプレハブ住宅が四〇戸建てられていた。まだ背の低い椰子も新居によりそっている。帰島住民に快適な生活が約束されていそうだった。

しかし、足を内部に向け島の奥にはいっていくと景色が一変した。そこには、かつて実験のために使われたぶあついコンクリートの観測施設の残骸や赤錆びた鉄くず、切断されたケーブルなどが散乱していた。それら瓦礫にポケット線量計を当てると、カチカチとするどく反応した。東京の自宅で計ったバックグラウンド＝平常値の五倍以上の数値がたちまち感知された。表土を掘って計測しても、あまり変わらなかった。ビキニの土は――実験終了後一六年経っても――「まだ熱い」ことを実感できた（四年後の七八年に、ビキニが「再閉鎖」にいたった事実によって除染の無効が確認された）。

わたしが上陸したとき、ビキニ島には四家族二三人の帰島者がいた。やがてもう四〇戸の住宅建設も計画中だった。ニワトリが走り、ブタが鳴き、見た目にはもとの自然が戻っているかに思えたが、じつは、それらには――また、椰子の木の下にうずくまるヤシガニのうまい肉にも――セシウム137やストロンチウム90がひそんでいたのだ。

AECは住民に向け、「基準値以下」と「健康に影響なし」を繰りかえし、帰島勧告していた。だが、やがてビキニは「再閉鎖」される。（その後のことをとりあえず要約すると、「安全宣言」から一〇年後の七八年、「ビキニの再建計画に従事していた労働者の尿から異常な量のプルトニウムが検出された」と報道され、帰島住民の健康調査でも身体蓄積量の増加が確認された。これを受け米内務省は「予見できる将来、ビキニ環礁の主島ビキニ島は農地として使われるべきでなく、また居住地域とみなされるべきでない」と声明、一三九人に増えていた旧住民はふたたび島を去った。いまも監視員と科学者がいるだけの無人島である。このことは、次章「除染は不可能に近い」でくわしくみる）。

ロンゲラップ環礁に上陸

みじかいビキニ島滞在のあと、二〇〇トンの便船「ヤップ・アイランダー」は東に針路を取り、一夜の航海でロンゲラップ環礁についた。この島が「ブラボー実験」（第五福竜丸が被曝した一九五四年三月一日に行なわれた核実験）でもたらされた〝熱帯の雪〟死の灰を受けてから二〇年後だった。船がラグーン（礁湖）に滑り込み外洋の揺れがおさまると、この島が、ビキニ環礁にくらべ色彩と植生が格段に豊かで、なにより人の気配にあふれているようすがすぐにわかった。

「第二次ミクロネシア行」と書かれた古ぼけた茶色の日記帳には、「晴れ、A7起床。上陸用意、荷物を揚陸」と記されている。上陸、揚陸とは大げさだが、島には桟橋がなく、小さなカヌーで何度も往復しながらの接近だったので、いささかの気負いも手伝ってこんな表現になったのだろう。

岸辺ではでっぷり肥ったおばさんに草花の輪を首にかけてもらった。遠来の客を迎える――たとえそれが歓迎しないAEC調査団の来訪でも旅人に礼をつくす――のがマーシャル人の流儀なのである。そのとき、わたしがどちらの気持ちで受け入れられたのか知りようもないが、ともかく以後一カ月ちかく、島の〝臨時住民〟になった。

あれから四〇年ちかく経つのに、思い出はなお鮮烈だ。長い取材経験を通じて、風景や人びとの顔、話した内容をすぐに呼びもどせるのは、ここしかない。たぶん絶海の孤島で過ごした経験から、「核の時代」のありあまる宿題をあたえられたためだろう。

ロンゲラップでの忘れがたい思い出に――椰子林の小径の散歩、ラグーンに沿った風通しのよい小屋での昼寝、にぎやかな食事中の会話など――熱帯の楽園のイージー・ライフがあることを否定はしない。行き帰りの、長い、のんびりした船旅もふくめ、熱帯の雰囲気を満喫した気分でなかったといえばうそになる。ただし、それから一〇年後、この輝きに満ちた共同社会も、再閉鎖されたビキニのように崩壊してしまうので、わたしの体験は〝残照のひととき〟であったのだが。

「ビキニ事件」の本質

いくらかの旅情をはさみながらも、ロンゲラップ行きの目的は、その島に突如降りかかった核時代の災厄と住民がおちいったその後の苦難を発掘することにあったので、心中には、つねに観光気分とほど遠いものがあった。

ロンゲラップ環礁（主島ロンゲラップ島）は、ビキニ環礁からほぼ真東一九〇キロに位置する。一九五四年三月一日、「ブラボー実験」が実施されたとき、ビキニとロンゲラップのあいだで一隻の漁船――静岡県焼津港の第五福竜丸――がマグロ漁に従事していた。さらにはるか東にウトリック島が、（ここは環礁ではなく）ひとりポツンと浮かんでいる。この三島と一隻の上空を通過した〝葉巻型〟の放射性物質をふくんだ雲の流れ――こんにちの調査によると、もっと大きな〝楕円型の〟雲で、アイルック環礁などマーシャル北部諸島のほぼ全域をおおったとみなされている――によってもたらされた悲劇が、「三・一

1954年当時のアメリカ原子力委員会の発表による「死の灰」の降下図

※その後の調査で、下図のような葉巻型ではなく、もっと大きな楕円形の雲がマーシャル北部諸島全域をおおったことが判明している。

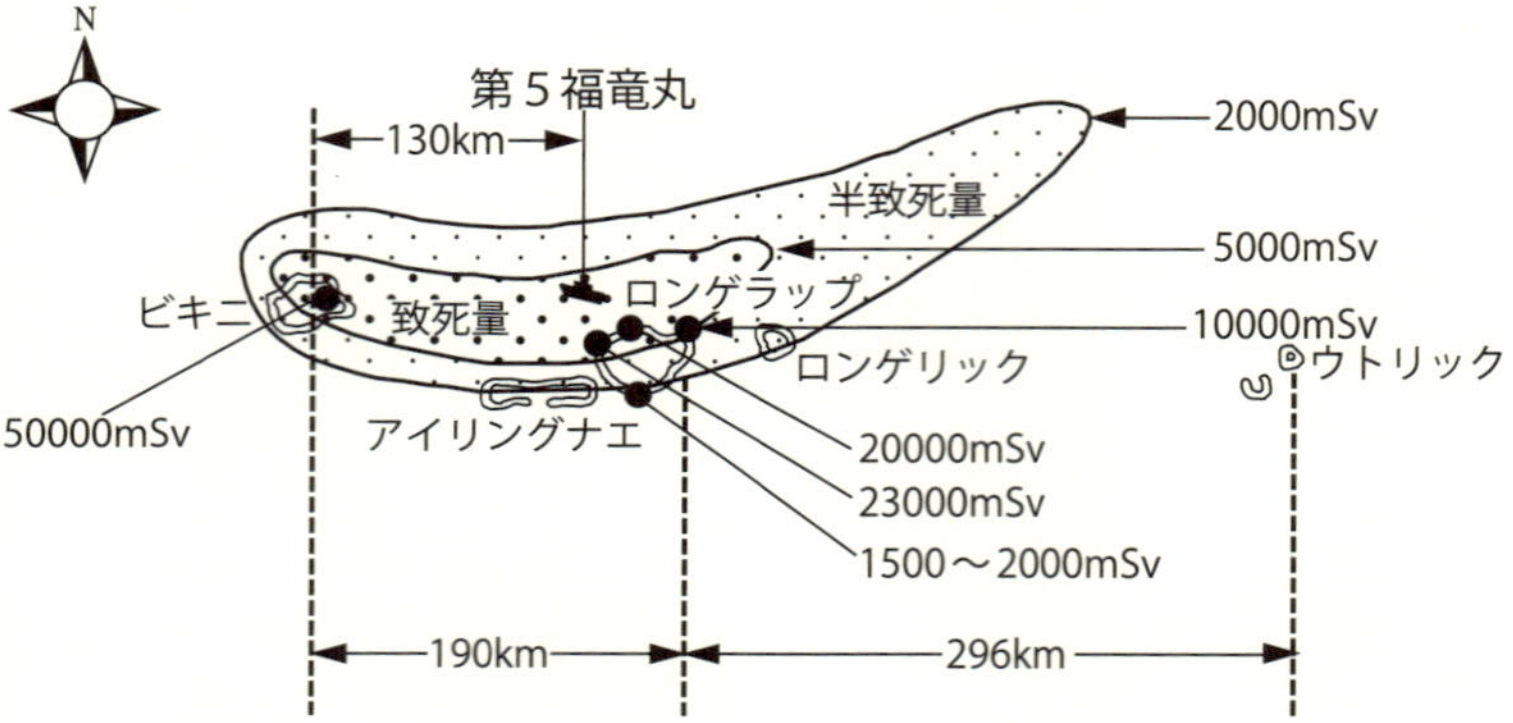

※mSv＝ミリシーベルト

事件」のおおまかな輪郭である。住民二四三人と漁民二三人が放射能雲の下にいた、とAEC（米原子力委員会）は発表した（こんにちでは住民だけで二〇〇〇人以上とみられている）。

「ビキニ事件」の本質は、「純粋に放射線のみで傷害を受けた史上初の社会集団」（AEC報告）が出現した、というところにある。ヒロシマ・ナガサキのピカドン＝瞬間大量死と異なる、放射線の後遺的影響によってじりじり崩壊していく肉体＝緩慢な死の世界が――チェルノブイリよりも三二年もまえに――ここで起こっていたのである。そして、それらの人びとはアメリカの「戦略地区」「閉鎖区域」の内側に閉じこめられていて、移動の自由や発言の自由を奪われていた。

事件が起こったのはマーシャル諸島の海と島であり、死の灰に見舞われたのは日本漁船だけでは

ロンゲラップ島の人びと。ほとんど全員が何らかの持病を抱えていた。撮影した日は日曜日で、教会に行った帰りなのでみな正装している（1978年８月撮影）

なかった。しかし、日本の世論は、一隻の日本漁船のみに注目し、ヒロシマ、ナガサキにむすびつけて〝ノーモア・ビキニ〟とさけぶのみで、マーシャル人が住む二つの――あるいはもっと多くの――島に降りかかったできごとは、視野の外に置いていた。島びとは、アメリカの「動物園政策」（ズー・セオリー＝餌をあたえるだけ）によって情報からも隔離されていたため、自分たちの災厄を世界に発信する知識と方法をもたなかった。それも、日本人が〝福竜丸の向こう側〟に関心を向けなかった理由のひとつであった。

福竜丸は、自己の不幸とひきかえに水爆の出現と死の灰の恐怖を、焼津港に帰還したのち世界に告げる役割を果たした。しかし、ロンゲラップの人びとの不運は——ちょうど台風の目に入った無風地帯のように——アメリカの「閉鎖区域」のなかで奇妙な安定と静かな無関心のうちに放置されたままだった。当時、村長だったジョン・アンジャインは、そんなみずからの境遇を「置き去りにされたネズミ」と表現した。

ナポータリ老人の死

ロンゲラップに上陸したとき、島びとは、なにやらえたいの知れない恐怖を感じつつも、豊穣な自然と海の幸につつまれてまどろんでいるようだった。島びとは、ヒロシマもナガサキも知らなかった。わたしは、悪い知らせを持ってきた使者のようだった。

以下の記事は『サンデー毎日』一九七四年一〇月六日号に書いたものだ。見出しに、現地レポート「ビキニ核実験二〇年目の衝撃」「いまも死の影　幽閉の島ロンゲラップは告発する!!」とある。リードに編集部がつけた「インド核実験を合図に、新たな核拡散のニュースが世界をとびかっている現在、南のマーシャル群島では二十年前のビキニ実験の死の影が住民の生命を脅やかしつづけていた」があり、わたしの「現地レポート」四ページがつづく。書き出しの部分――

＊

七月三十一日、老人が一人死んだ。人々は、あの太陽のせいだといいあった。二十年前、西から昇った太陽と赤道直下に降った雪が、老人の命を奪ったというのだ。三日前、死の床でみたナポータリ老人は、白いシーツの上のボロギレのようにみえた。消し炭のような顔色、どこからみても六十三歳の人とは思えなかった。

死因は胃ガンと説明された。だが、未亡人はキッパリいった。「いいえ、あの人は原子爆弾の毒で死んだのです。私にはわかります」

これがビキニ核実験で八十六人の全島民が被爆したマーシャル群島ロンゲラップ島での二十人目の死者だった。二十年間、島民の健康を〝管理〟してきたＡＥＣ（米原子力委員会）の記録は、ナンバー68、ナポータリの病歴を克明に追っている。

「爆風の翌日、吐き気を催し、二日間下痢が続いた。腹部から背中にかけての痛みが十年間続いた。ぜんそくの発作も持病になった。

――ひどい膿漏、顔のゆがみ、直腸からの出血（五七年）

――前立腺肥大（六一年）

――右眼手術、失語症、心音不整（六四年）

——左目摘出（白内障、六五年）
——五七年以来、体重二十ポンド（約九キログラム）減少。この十年間目だってふけた（六七年）
——貧弱な視力、聴力減退、関節炎、不活発な反応（七一年）

マーシャル諸島の中心地マジュロ島で偶然の機会から手に入れたＡＥＣの検診記録（七三年分）は、ありとあらゆる病気を背負い込まされ、すさまじい苦しみのうちに死んでいったナポータリ老人の死因が、単なる〝胃ガン〟でないことを明らかに示している。

＊

以下、記事は「一瞬汚染された地上の楽園」「置き去りにされたネズミ」「夜通し続いた子供らの泣き声」「死者なしと発表した米政府」とつづく。これが日本のメディアにはじめて紹介されたロンゲラップ島ヒバクシャの実態ルポだと思う。情緒的になるのを避けるため、ＡＥＣ医学調査団——正確にいえば「追跡調査団」ないし「医療監察団」——が作成した調査報告とカルテを中心に据えて書いた。

ナポータリ・オエミが死んだのは、わたしが島に着いた二日後だった。滞在中に八月六日＝ヒロシマの日がめぐってきて、その日に埋葬式があった。一四、五人の参列者は広島のほうに開けた浜辺の墓地に集まって祈り、柩を珊瑚礁の穴に下ろした。式の最中にものすごいスコールがやってきて、喪服の遺族は、白い紗《しゃ》の幕につつまれた塑像のようにみえた。いま、広島では「平和祈念式典」が行なわれているころだな、と、わたしは思った。しかし、ここで起こっていることを知る人間はいない。ロンゲラップのヒバクシャは、隠され、忘れられたまま、ひっそり死ぬしかない。

「私が死ぬのはあのバクダンのせいなのだ。お前たちも気をつけなさい」、それが故人の残した最後の言葉でした、とナポータリの妻のセーラはいった。「バクダンのまえは、とても元気な人でした。だから私にはちゃんとわかっています。あの人は原子爆弾の毒で死んだのです」。埋葬の祈りのかたわらに立ってセーラのことばを聞きつつ、わたしは、この光景から逃れられないことを感じていた（島の人は、核実験をバクダン、死の灰をポイズンといった）。

記事に書いたように、（あとで読んだ）死者のカルテには、被ばく以後の病歴がびっしり書き込まれ、そこにはあの日以来、ひとときの安寧もなかった痛苦のときがきざまれていた。

記事に、ナポータリ老人のカルテを「マジュロ島で偶然の機会から手に入れた」と書いたのは、ニュースソースを秘匿するためのいつわりである。いま明らかにしても問題ないと思うが、島の医師——正確にはヘルス・エイド（薬剤管理士）——ジョルジ・チャーボエにもらったのだ。かれはＡＥＣのあつかいにいきどおっていた。「おれたちはＡＥＣのギニア・ピッグ（モルモット）だ」と、しばしば口にした。「こんなものがある。役に立つだろうか」と持ってきたのが、「ＡＥＣ医療調査団一九七三年度検診」のカルテだった。在島生存者全員分ある。英文タイプに手書き文字も入った各人のカルテは——手持ちのコンサイス英和辞典ではとても歯が立たなかったが——貴重なものだと理解できたので、ただちに「手に入れた」。

帰国後、医学英和辞典と首っ引きで、ごく一部を『サンデー毎日』の記事にとり入れたが、それだけではチャーボエの意志に報いたことにならない。そこで、当時マーシャル人ヒバクシャ問題と取りくんでいた「原水禁九州ブロック」をつうじ、長崎大学医学部に翻訳と分析を依頼した。その結果は、『朝日新聞』に、「原水禁が入手したロンゲラップ住民のカルテによれば……」として大きく報道された（七六年八月四日付）。そのような経緯もあって、原水禁九州ブロックは、七六年と七七年、ロンゲラップのヒバクシャ各二人を日本に招き、長崎原爆病院で検診の機会を提供した（ささやかな恩返しになっただろうか?）。

「人類の水爆死第一号」の伝説

ナポータリが埋められたのとおなじ場所に、「レコジ・アンジャイン一九五三―一九七二」と刻まれたセメントづくりの墓標があった。レコジはジョン村長と妻ミツワの息子で一九歳のとき白血病で死んだ。あの朝、ようやく歩き始めたレコジは、降りしきる死の灰を体じゅうに受けながら、ものめずらしい光景のなかで嬉々として遊んでいたという。

「肌が見えないくらい灰をつけて……」、母親は、末っ子のレコジに自分がなにもしてやれなかったことを悔んだ。死の灰は幼児の甲状腺に取りつき、成長するにしたがって造血機能をむしばんだ。おなじ年ごろの三人、すこし年長のアレットとアイク――ともに生後一五カ月で被曝した――は甲状腺ホルモンの分泌不足から成長停止症になり、レコジには急性骨髄性白血病という難病が待ち受けていた。

レコジ・アンジャインの墓

　六八年に最初の甲状腺手術をするまで、レコジは元気に育ったが、二年後、マジュロ高校を卒業して島にもどったさいAECの定期追跡調査で白血病と診断され、アメリカ本土の病院に移されることになった。責任者のコナード医師は「二週間もすれば戻れるよ」となぐさめたが、レコジが島をはなれる日、べつの医師はミツワに「もう二度と、この子がロンゲラップの浜辺で遊ぶことはないだろう」と告げた。じっさい、レコジは冷たくなってもどり、浜辺の珊瑚の下に埋められたのである。

レコジの死は、のちにアメリカで「人類の水爆死第一号」と形容されようになる。それはアメリカ政府が認定した事実ではない。それでもアメリカ人のあいだに、最初の水爆死が第五福竜丸の久保山さんでなく、レコジの名と結びついて記憶されているのには理由がある。

「一号伝説」の起源は、かれの死の床となった米国立衛生研究所（ＮＩＨ）の同じ病室に、ジャーナリストのスチュアート・オルソップがいた偶然によりもたらされたのである。やはり白血病に冒されたオルソップは、レコジの死の翌年、自身の死の前年の著作『最後のコラム』（原題“stay of execution”一九七四年、日本版は七六年、文藝春秋）に闘病報告を記すなかで、同室の「マーシャル群島の青年」を紹介し、死の報に接すると「レコジは世界で最初の水爆犠牲者である」と書いたのである。

オルソップの本はベストセラーになり、かれが兄のジョセフとならび『ニューズウィーク』の著名コラムニストだった名声もあって、公式の事実のように受け入れられるようになった。ビキニ水爆被災の死者にかんする日米の認識のずれのひとつは、このようにして生みだされたのである。

オルソップは書いている。想像によるものだが、おどろくほど実際の光景をとらえていた。

私の脳裏には、いまだにこんな光景がこびりついて離れない。元気のいい褐色の肌をした赤ん坊のレコジが、ロンゲラップの椰子の木の下で遊びたわむれている。と、突然、ビキニの大爆発の閃光が空を貫く。そして、なにも知らずに遊び続けるレコジの上に、あの放射能の灰が降り注いでくる。この元気な褐色の赤ん坊が、今、わたしと同室に横たわっている十九歳のレコジなのである。

つづけて、こうも書く。

水爆と白血病の間に因果関係があることは疑う余地がない。広島と長崎の原爆のために多数の日本人が白血病にかかった。ビキニの核実験でも、マーシャル群島の住民にリンパ結節の疑いのある者が何人もでた。しかし、水爆実験の放射能降下物による白血病と認定されたのは、レコジ・アンジャインが初めてである。

オルソップは、ロンゲラップ島の——白血病に冒された——レコジをつうじてビキニをみた。日本人の多くは、肝臓傷害やがんにとりつかれた久保山さんたち福竜丸乗組員にかさねてビキニを記憶した。ここにも「交わらない視線」があった。

以後、わたしは毎年、マーシャルの海と島をへめぐるようになった。そこで得た結論のひとつは、放射線・放射性物質の後遺的影響・晩発的効果の脅威というものである。つまり「人類と核は共存できない」。

VI

除染は不可能に近い

――マーシャル諸島の現状が教えること

「純粋に放射線による傷害を受けた史上初の社会集団」

では、ビキニ核実験がもたらしたロンゲラップ住民の苦難は、「フクシマ後」を生きる日本人および地域社会になにを教えているのだろうか？　共通点があるとすれば、どのようなものか？

ビキニ事件の翌年、一九五五年七月、哲学者バートランド・ラッセルと物理学者アルバート・アインシュタインが「ラッセル・アインシュタイン宣言」を発表した。そこでは放射能の後遺的影響について警告が発されていた。

……いまや、私たちは、とくにビキニの実験以来、核爆弾は想像されていたよりもはるかに広い地域にわたって徐々に破壊力を広げることができると知っている。（中略）――瞬間的に死ぬのはわずかだが、多数のものはじりじりと病気の苦しみをなめ、肉体は崩壊していく……

米原子力委員会（ＡＥＣ）がロンゲラップヒバクシャにあたえた定義、「純粋に放射線による傷害を受けた史上初の社会集団」という表現も、「ラッセル・アインシュタイン宣言」とおなじ認識の——裏返された——問題把握だといっていいだろう。放射線の脅威が「公衆被曝」というレベルで直視されたのは——推進側＝ＡＥＣにとっても、反核側＝「宣言」にとっても——「ビキニ事件」が最初の事例なのである。

あらためて説明するまでもなく、ことが起こったのは一九五四年のことだ。そして白血病や甲状腺異常が——ＡＥＣ医師団のあいだでも——問題とされはじめるのは、一九六〇年代になってからだった。この時期、「スリーマイルアイランド」（七九年）も「チェルノブイリ」（八六年）も、まだ起こっていない。

しかし、ＡＥＣの「医療調査報告書」（調査団をひきいた医師ロバート・コナードの名をとって「コナード報告」と略称される）を読むと、早い段階から事態の本質を把握し、綿密な追跡調査に乗りだしていたとわかる。その内容からは、冷徹な計画——ある種の人体実験——がくわだてられたことまでうかがえる。たとえば「三・一実験」のあと、べつの島（マジュロ環礁内の無人島）に移されていた住民を、一九五七年にロンゲラップ島に帰島させる計画がすすんでいた「被曝後三年目報告」の一節に以下の記述がある。

ロンゲラップ島の放射能汚染は、人間の居住には安全だとしてもその水準は、地球上の人の住むいかなる地域よりも高い。この島に人々が住むことは、人体への放射線に関するきわめて貴重な生態学上のデータを提供するであろう。

つぎは、住民がロンゲラップに戻された翌五八年の「被曝後四年目報告」。

これらの人々がロンゲラップ島に住んでいることは、人体への放射線の影響に関し、生態学上もっとも貴重なものを得る機会を提供している。追跡研究には少量の放射性元素しか必要ないから、この島に存在する各種の放射性物質が、土壌から食物をつうじ人体に入る過程を追跡することができ、また人体内の組織と器官への配分、生物学的半減期、排泄率などを研究することができる。

そこにあるのは「治療」でなく「観察」もしくは「監察」の視線である。島びとは「公衆被曝の貴重なサンプル」としてあつかわれた。コナード調査団は、毎年一ないし二度、機材を満載した船でやってきた。住民が呼び集められ、採血・採尿・レントゲン検査などが行なわれた。ヒバクシャだけでなく、あとで島に移ってきた人からも一〇〇人を超す「グループ四・対照群」が選別され、同様の検査を行なって比較分析された。内部被曝の経過を観察するためである。このように冷酷な眼差しは、すくなくともチェルノブイリにはなかった。では、フクシマでは？

「ロンゲラップの教訓」から何がわかるか

ここで「ロンゲラップの教訓」を要約しておくと――

第一に、低レベル放射線がもたらす後遺的影響は――この点チェルノブイリでもおなじだが――被曝からずっとあとになって顕在化し蔓延する事実である。最初は子どもにあらわれ、やがて「ラッセル・アインシュタイン宣言」がいうように「多数のものはじりじりと病気の苦しみをなめ」る、という放射線の晩発的効果、つまり〝時差〟の側面だ。同時に、それは被曝範囲の拡大にもつながっていく（〝葉巻型〟から〝楕円形〟の汚染地図に）。

第二は、環境からの放射性物質の汚染除去＝除染の困難さという問題。「ビキニ再閉鎖」や「ロンゲラップ島放棄」の事実がそれをしめしている。いま、フクシマが直面している難問でもある。

第三として、人体への放射線影響に、これ以下なら安全、という「しきい値」（クリアランス基準）なるものは存在しない、時間の経過とともに「しきい値」は下方修正されていく、という経験的事実があげられる。そして、この事実は「軍事利用」（ビキニ）と「平和利用」（フクシマ）にも、また「高レベル」（ロンゲラップ）と「低レベル」（ウトリック）のあいだにも〝しきい〟はないことを示唆する。放射性核種――セシウム、ストロンチウム、プルトニウム――が同一物である以上、そうなる。

外部被曝と内部被曝についてもおなじことがいえる。当日、島にいなかった「対照群」からもヒバクシャが生まれているからである。確実な「しきい値」は、「半減期」という自然減にたよるほかない。しかし、セシウム137、ストロンチウム90はほぼ三〇年、プルトニウム239の半減期にいたっては二万四〇〇〇年……。

以下、それぞれをくわしくみていこう。

被曝ロンゲラップ住民に、残留放射能の後遺的な影響があらわれたのは、帰島後六年以上経ってからだった。わたしの『棄民の群島―ミクロネシア被爆民の記録』（一九七九年）から引用する（一七〇ページ以下。なお同書では、ロンゲラップ住民の体験そのものについては「被爆」と表現し、放射線障害は「被曝」と、用語を使い分けている）。

被爆住民の体に最も顕著に現われたのは、甲状腺への障害であった。「ロンゲラップでは食料と水はきわめて汚染されていたし、フォール・アウト（前田注―死の灰）

の中には大量の放射性ヨウ素がある。甲状腺への照射線量は、他の臓器に対するよりも成人においては二倍、小児においては約七倍多かった」からである。（カギ括弧内は「コナード報告」の引用）

一九六三年、一二歳の少女の甲状腺に結節が発見され、続いてもう一人の少女からもみつかった。三年間のうちに一例のガンを含む一八人が甲状腺異常と診断された。六四年に三人、六五年三人、六六年五人、六九年に五人が手術のためアメリカの病院に連れていかれた。

甲状腺に蓄積された放射性ヨウ素は、その後も猛威を振るい、一〇歳以下で被爆した子ども一九人は一人を除いて全員が発病する。

これらの人々にみられるフォール・アウトによる被曝の晩発効果のうち、とびぬけて有意に高かったのは、甲状腺異常の発生率であった。一九六五年にこれらの異状の進行が発見されるまで、住民の甲状腺は正常と考えられており、異常は発見されていなかった。……食品中および尿中のヨウ素のレベルはそれまで正常範囲だった。血清コレステロール値も甲状腺疾患を示していなかった。

「コナード報告」はこう述べている。（中略）

……アレットとアイクは、ともに一五カ月で被爆し、同じように成長停止症状になっ

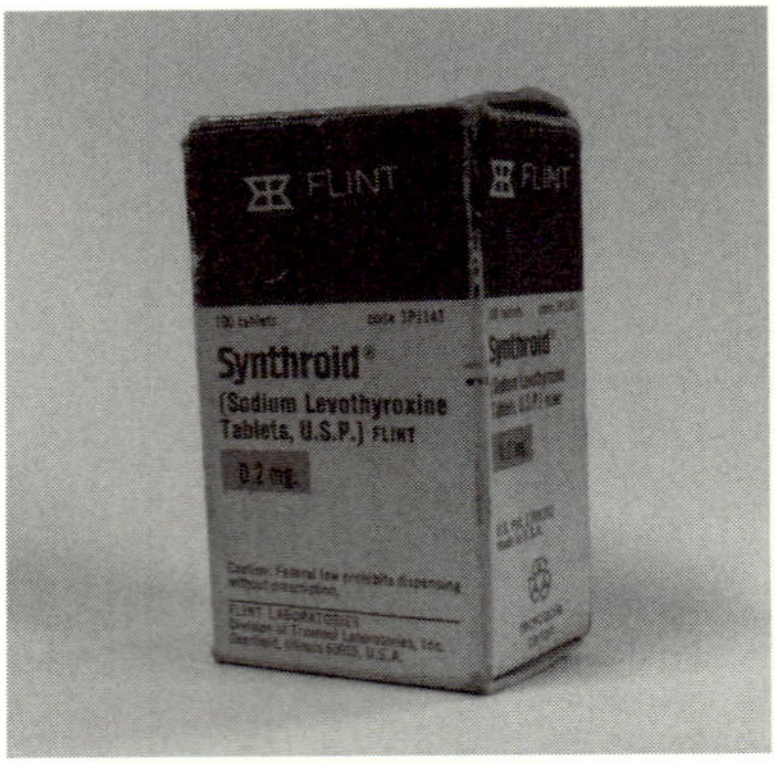

甲状腺切除手術を受けたロンゲラップ島の人びとが食後に服用していた甲状腺ホルモン剤「シンセロイド」

た。アイクは被爆直後から、アレットは四年目から、内分泌の機能障害が現われ、成長の遅れが目立ち始めた。アレットは九歳の時、右上腕骨の発育に異常があるのを発見された。二人とも、一二歳になって甲状腺の萎縮があきらかになるまで、投薬や治療を受けた形跡はない。思春期の入口に立ちながら、二人の体は七歳から八歳のところで成長を停めていた。（以下略）

わたしがロンゲラップに行った七四年には、島びとで、喉のそばにうっすらとメスの跡を残している人をみかけるのはめずらしくなくなっていた。甲状腺切除手術を受けると、「シンセロイド」という甲状腺ホルモン剤をもちいなければならず、家々で錠剤のはいった箱をよくみたものだ。食後に服用するのが手術を受けた者の習慣になっていた。アレットは写真に撮られることを極度に嫌った。おそらくＡＥＣチームから身長測定器のそばで撮影されつづけた記憶がそうさせたのだろう。

ビキニ島が再閉鎖され、ふたたび無人の島となった一九七八年以降、ロンゲラップの人びとは、ますます健康と環境に不安を覚えるようになっていた。八二年のＡＥＣ調査で、

著者が取材を終えて島を離れる時に送別会を開いてくれたロンゲラップ島の人びと（後列右から二人目が著者）

セシウム137の身体負荷量がさらに増えていることが明らかになった。食物や環境から取りこむ「内部被曝」が進行していたのである。

八四年、住民はロンゲラップ環礁から立ち去る決断をくだした。AEC——この時期、原子力委員会はERDA（原子力規制委員会）に改編されていた——は、島は安全であり離島する必要ないと反対した。だが、島びとの決意は変わらなかった。アメリカ当局の意向に反した退去だったので援助を受けられなかった。NGO「グリーンピース」が救援に乗りだし、住民は、提供された「レインボー・ウォーリアー」に家財を積んで、島ぐるみクェゼリン環礁メジット島に移っていった。

ＥＲＤＡ側と交渉し、自主退去を指導したチェトン・アンジャインは、ジョン村長の末弟でレコジの叔父にあたる人物だった。

こうしてロンゲラップ環礁は、被爆後三年間の避難時とおなじ無人の島になった。ロンゲラップ住民の決断と行動は国際的な関心を呼び、一九九一年、チェトン・アンジャインにスウェーデンの財団から「第二のノーベル賞」といわれる「ライト・ライブリフッド賞」があたえられた（日本では高木仁三郎が一九八九年に受賞している）。

五〇〇キロ離れたウトリック島の住民にも甲状腺障害

残留放射能の後遺的影響は、もうひとつの被爆島――ロンゲラップとともに、ＡＥＣが三・一直後からヒバクシャ集団だと認定した――ウトリック島でも事情は変わらなかった。ウトリックのヒバクシャは一四ラド（一四〇ミリシーベルト）という「低線量外部被曝」であったゆえに、三・一被曝後にも避難させられなかった（しかし「追跡調査」の対象にはなっていた）。そこでも甲状腺障害が確認されるのである。

つまり、爆心地ビキニとの距離の大きさ（ロンゲラップ島約二〇〇キロメートル、ウトリック島約五〇〇キロメートル）は、発症時間が早いか遅いかの時間の差となって出現しただけのことだった。大地と食物にひそんだ残留放射能は、執拗に人体にまつわりついた。これもまた——過去完了形の——はるか以前に確定した事実である。

ここでは、わたしが『週刊エコノミスト』一九七八年九月二六日号に書いた「ビキニの海はまだ熱い—共存できない人類と放射能」から、ウトリック島についての記述を部分引用する。

……七七年、現地を取材した『ロサンゼルス・タイムズ』のラリー・プライヤーは「(米) 政府、放射能の危険性の再検討を迫られる」という見出しで記事を書いた（六月一一日付)。

「一九五四年の水爆実験以後、微量の放射線を受けたにすぎないと考えられていたミクロネシアの一つの島（前田注—ウトリック島のこと）の住民の中から、高い率で甲状せん疾患やガンが発生している。フォールアウトを浴びておよそ二二年の間、目立った変化のなかったものが、突然増加したことで、連邦政府の保健物理学者は、人体に悪影響を与える放射線量の評価理論訂正を余儀なくされている」

ビキニから東へ五二〇キロ離れた同島へのフォールアウトは「煙のようなもの」で線量も「一四ラドに過ぎず」従って「有意の後遺的影響は考えられない」（いずれもA

EC報告）とされてきた。そのウトリック島でフォールアウトが「一インチ（二・五四センチメートル）積もった」ロンゲラップとほぼ同一の健康異常者のいる実態が、白日の下に晒されたのだ。

プライヤー記者は、AEC（現ERDA）関係者とのインタビューで、「これは全く予期できないことだった。わが国最高の専門家を抱えていながら」（「医学調査団」主任コナード博士）、「率直に認めようアメリカは間違いを犯したのだ」（環境研究部副部長ブール博士）といった発言を引き出している。（以下略）

この記事につづいて、『ワシントン・ポスト』でも同様の報道がなされた。それらを踏まえながら、七九年刊の『棄民の群島』で、わたしはウトリックの状況を以下のように報告、解説した。

……被爆後一五年のウトリック住民の死亡率を調べてみると、ロンゲラップの場合とほぼ同じで、マーシャル諸島全域の死亡率を大きく上まわっていることがわかる。すなわち、ウトリック島一五七人の被爆者中三〇人が一五年間に死んだ。ロンゲラップは一六人である。人口一〇〇〇人あたりの死亡率は、ウトリックが一二・四八、ロンゲラップは一三・〇となり、マーシャル全域の八・六と比べると五〇パーセントから五六パーセント高い数値を示している。（中略）

七〇年代に入ると、ＡＥＣもウトリック島における「無害仮説」を放棄せざるを得なくなる。一人からでなく複数から発見されるようになり、なかにはガンに転化した者も見つかるようになったからである。かつてのロンゲラップの状況が一〇年ののちにウトリックで再現されることになった。一七五ラドと一四ラドの放射線の間には、人体に障害を発現させるのに一〇年間の時間差があったが、逆にいえば、一四ラドの「低放射線」でも、時間さえおけばその効果は、「高度に汚染された」一七五ラドと同じ害を与えることが実証された、ということができる。これがウトリック島における被爆が明らかにした真の意味であった。（以下略）

ビキニ、ロンゲラップ、ウトリックの例を考えれば、フクシマが将来安全であるとはだれにもいえないだろう。たしかに、マーシャル諸島とフクシマの線量のちがいは考慮されなければならない。ロンゲラップ住民が受けた線量（外部被曝）は、五一時間に一七五ラド、シーベルトに換算して一七五〇ミリシーベルト。なかには、熱した「死の灰」によりベータ線火傷を負う人もいたほど高い値だった。

しかし、ウトリック島の場合、七六時間に一四ラド＝一四〇ミリシーベルトである。被曝直後は――フクシマに当てはめると――「緊急避難区域」にも「避難準備区域」にも指定されなかった。そのウトリック住民の数値はフクシマの経験とある程度比較できる。くわえて、ロンゲラップ住民が被爆三年後に帰島をゆるされたとき、一緒に島に戻った非被爆者＝「グループ四・対照群」からも甲状腺障害が出ている内部被曝の事実もかさねると、フクシマの今後と無関係とはとてもいえない。

除染は有効だったか？

第二の「除染の有効性」はどうだろうか。

一九七〇年代はじめ、ビキニとエニウェトック両実験地とロンゲラップ島で除染＝「クリーン・アップ作戦」が実施された。住民に帰島をうながすための措置である。住民が避難しなかったウトリック島は除染されなかった。

では、ビキニ島で、どのような「除染」がなされたのか。ここでも『棄民の群島』から引用する。AECのロバート・コナード博士が一九七五年に――つまり「ビキニ安全宣言」が、まだ維持されていた時期――米ジョージア州アトランタの公共テレビWGTVが制作

したドキュメンタリー「ビキニの人びと」で語ったことばである。（二三二ページ以下）

ビキニ島にはいくらかの低レベルの残留放射能があり、それによる被曝量を減少させるため、次のような手段がとられている。

家を厚いコンクリートで作り、集落地には新しい珊瑚の砂利を敷き、島をブルドーザーで掘削して、一定の果樹を植える場所では、汚染された土の除去を行なったのである。

これらの措置により、放射線量は減少した。魚とその他海産物の放射性物質蓄積量は無視してよい程度のものであり、陸上の食用性植物からはほんのわずかしか発見できなかった。

島でわれわれの職員が行なった検査によれば、人々の放射性物質の排泄量は非常に低レベルで世界の他の地域の人々と大差なかった。したがって、ビキニの住民およびその子孫に悪影響が現われるとは全く考えられないと思う。（以下略）

コナードは、こう断言したのだが、それでも三年後、ビキニ島は「再閉鎖」された。コナードが自信満々語った「クリーン・アップ作戦」は成果をあげなかったのである。同書

のべつの箇所で、わたしは指摘した。(二〇一ページ)

実際には、ビキニは決してきれいになどなっていなかった。はぎ取られた汚染表土と放射性廃棄物は、島の一部についてでしかなく、その捨て場所は礁湖の海底であった。汚染除去というより汚染物の移動というべきものであり、移住できる区域もビキニ本島周辺に限られ、環礁北部の島々は立入禁止であったし、珍味のヤシガニはいぜん放射能を高度に濃縮して「ホット」であると考えられていた。(以下略)

つまり、ビキニでなされた「除染」とは、島の、それも住宅が建設される場所の周辺の土だけをはぎ取り、汚染土を――琵琶湖より広い――ビキニ環礁の礁湖に投棄すること――移染――でしかなかった。島の内部にあった実験監視塔などは、わたしがその残骸をじっさいに目にしているので、それらがクリーン・アップの対象とみなされず放置されたのはまちがいない。そして、その後の経過は――前にみたとおり――七八年、帰島住民の体内からセシウム、ストロンチウム、プルトニウムが検出され、「再閉鎖」にいたる。ビキニでの除染は、範囲と方法、また結果においても完全な失敗であった。

低く平らな、珊瑚礁の砂漠のようなビキニ島でそうだったのに、地形の入り組んだ、また、多数の建築物が建ち並ぶフクシマ一帯で、住民に永続的な安全を保証できる除染など、はたして可能だろうか？

ビキニとともに「太平洋核実験場」とされたエニウェトック環礁の場合は、もっと大規模な除染作業がなされた。ここでは一九四八年から五八年のあいだにビキニの二倍ちかい四三回の原水爆実験が実施され、環礁をかたちづくる四〇の島のうち三つ――ドレドレウィジ、エルゲラブ、ボカイドリック島――が吹き飛ばされて消滅した。礁湖の浅い部分には、爆発によってうがたれた弾孔＝クレーターが、エメラルド・グリーンの礁湖水面に、そこだけぽっかりとうがたれ――ちょうど骸骨の暗い眼窩のような――くぼみをつくっていた。放出され、なお蓄積されている放射性物質がビキニを上回るのはまちがいなかった。

ジョンソン大統領の「安全宣言」（六八年）が出されたあと、クリーン・アップはエニウェトックでも行なわれた。七四年、旧住民にたいしＡＥＣによる「環境調査報告」が説明された。『棄民の群島』（二五〇ページ以下）から引用する。

（一～三略）

（四）とりわけ一七回の核爆発が繰り返されたルニット島は「多量のプルトニウム

239――寿命の長い危険な物質――で汚染されている。（中略）

（五）また、同環礁の主要島の一つエンジェビ島も居住不適である。同島からプルトニウムは検出されなかったが、他の核種が残存している。

（六）クリーンナップは、プルトニウムで汚染された土壌と放射性物質を含んだ残骸を、ルニット島にある二つの弾孔、カクタスとラクロスに入れ、コンクリートで封じ込めるやり方が最も現実的である。作業手順は、弾孔の海水をポンプで汲み出し、内部をコンクリートで内張りしたあと、汚染土をコンクリートに混ぜて注入し、上部を厚さ一八インチのコンクリートでふたをする方法が適当である。

（七）住民の帰島はクリーンナップが可能な環礁南部のジャプタン、メレリン、エニウェトック三島に限り、安全性に関するいくつかの規則を条件づける。

（八）まず五〇人の住民をジャプタン島に戻し、クリーンナップ作戦とそれに続く再建計画に参加させる。

これが計画の骨子である。クリーンナップ作戦の責任者ワレン・ジョンソンは、住民に次のように言った。

「環礁内の放射性物質の一部については、現在のところ私たちにも、どう除去して

いいかわからない。だから、その除去方法がわかるまで、エニウェトックの人々には
これら特定の地域には近寄らないようにお願いするほかはない」。（以下略）

こうして七七年から八〇年まで、総予算三二五〇万ドル、陸海空軍兵士一〇〇〇人を投入した除染作業が実施された。宇宙飛行士のような防護服に身を固めた兵士たちは、一回一時間と定められた労働時間のなかで、ブルドーザー、クレーン、トラック、ボートなど、さまざまな機械を使いながら、プルトニウムに汚染された土壌七万九〇〇〇立方ヤードと、七三〇〇立方ヤードの汚染残骸を（合計して六万六〇〇〇トン）、海水を抜いたふたつの弾孔――カクタスとラクロス――に放りこみ、コンクリートのふたで厳重に密閉した。

〝核時代の円形スタジアム〟とも形容できる半球体ドームは、こんにちでもルニット島を訪れる――勇気のある――人は見ることができる。そこに約七万トンの高レベル汚染土と瓦礫が密閉されている。しかし、それでエニウェトック環礁が「きれいに」なったわけではけっしてない。除染されたのは、「最も汚染のひどい」土壌の一部と、ジャプタン島の住民の居住空間にすぎないからだ。四〇個の島々がネックレスのようにつらなった環礁全体の大半は手つかずのままにされた。エニウェトックで行なわれた「除染」にしても、そのようなものだった。

Ⅶ

太平洋に拡がる「核の植民地主義」

――「核の実験場」を「核のゴミ捨て場」に

安全な「しきい値」はない

これまでみてきた、ミクロネシア・マーシャル諸島における核時代の受難史は、アメリカの「国策」と「国益」がもたらしたものであった。国際政治における覇権追求という至上の国策、核抑止戦略の誇示によって得られる国威と国益、それが島々の存在価値であり、犠牲に供されたのが「マーシャル諸島住民の生命と健康」であった。そこで〝実験〟されたのは、核爆弾の威力だけでなく、「公衆被曝」、すなわち、核戦争後、アメリカ市民の生存を確保するための追跡調査をもふくんでいた。

しかし、ビキニが発する真の意味――核と人類は共存できない――は、世界にとどかなかった。警告は、「ビキニ」という〝原子爆弾的効果の水着〟の名称――めはしの利いたファッション業者が命名した――にすり替えられ流布されることによって、異次元のイメージに翻訳され、真実の正体を（わずかな布切れで）隠してしまった。

とはいえ、改めて振りかえれば、根源的ないくつかの点で、こんにちのフクシマ、またオキナワとも交差する側面を見いだすことができる。

まず、「フクシマとのつながり」からみると、先にあげた「ロンゲラップの教訓」の第

三、すなわち、放射線に、これ以下なら安全という「しきい値」なるものは存在しない。また、「軍事利用と平和利用」「高レベルと低レベル」のちがいも無意味だという点がある。説明するまでもなく、「太平洋核実験場」で放出された放射性核種は、「爆弾」によるものであって「原発」からのものではない。破壊のエネルギーであり、電気を生むものとはちがう。しかし、放射性核種に「軍事利用」「平和利用」のしるしがついているわけではない。放射性降下物＝死の灰は、平等に、公平に、また正確に、ヒロシマ・ナガサキのピカドンとおなじ効果をもたらした。とすれば――範囲と程度に差異はあっても――「ビキニ」は「フクシマの未来」とも重なっている、目的のちがいは結果を区別しない、そうわきまえておかねばならない。

さらに、マーシャル諸島のその後の歳月を追っていけば、放射性物質の後遺的影響にクリアランス・レベル＝「しきい値」なるものは存在しない、というより、しきい値は絶えず低下する一方だということも理解できる。ＩＣＲＰ（国際放射線防護委員会）がしめす、放射線の「安全基準」が下方修正されつづけてきたことも「ビキニの経験」と無関係ではない。そこからは、タテ――高レベルと低レベルのあいだ――にも、ヨコ――原爆と原発のあいだ――にも、「しきい値」（「安全性」「基準値」どんな用語を使ってもおなじことだ）なるものは存在しないことが証明される。

放射線の単位が、レントゲンから、ラドとレム、シーベルトとベクレルに名称替えされても、しきい値が、五年ごとか一〇年ごとに下降線をたどる傾向に変わりはない。それが、ビキニで実行された「アメリカの国策」によって（追跡調査の結果）証明された事実である。その「国策のブーメラン」を、フクシマ後の日本人もまた体験させられていることを直視しなければならない。つまり、ヒロシマ・ナガサキが、ビキニ・第五福竜丸経由で、フクシマに舞いもどってきたといえる。

アメリカの実質統治下にあったミクロネシアとオキナワ

つぎに、アメリカの「国策」を、オキナワとの相似性で——すこし斜めから——みておこう。そこにも冷徹な国家意思と、日本政府の無責任さが反映される。すんでのところで、オキナワもミクロネシアと変わらぬ政治的地位におかれるはずだった。

すでにみたように、太平洋核実験が行なわれたミクロネシアは、アメリカが全権力を行使する「国連信託統治領」——それ以前は日本の「国際連盟委任統治領・南洋群島」——だった。第二次世界大戦後、世界に一三地域——太平洋地域にもパプア・ニューギニア、ナウルなど——あった「国連信託統治領」のなかでも、ミクロネシアだけは「戦略的信託」

と呼ばれ、信託統治理事会でなく安全保障理事会によって管轄された。したがって、アメリカが「拒否権」というジョーカーを行使できる唯一のオールマイティー地域だった。

ほかの信託統治領が「自治又は独立に向かっての住民の漸進的発達を促進すること」(国連憲章第七六条)、いわば大国が〝後見役〟になることを統治目的としたのにたいし、アメリカと国連との「ミクロネシア信託統治協定」は、「国際の平和及び安全を増進すること」に主眼がおかれ、「軍事基地の建設」「軍隊の駐屯」「閉鎖地区の指定」などをみとめられていた。六七回もの核兵器実験を実施し得たのは、このゆえである(ミクロネシアの信託統治は九〇年代に終了し、同地域はいま、マーシャル諸島共和国、ミクロネシア連邦、北マリアナ連邦、ベラウ共和国として独立、北マリアナ連邦以外は国連加盟国となっている)。

ひるがえって、オキナワとアメリカのつながりにふれると、「意見陳述書」に記したとおり、オキナワは一九四五年から七二年まで、アメリカの施政権下にあった。県民が「異民族統治」として記憶する時代である。その根拠とされたのが、敗戦国日本が独立国に復帰した「サンフランシスコ平和条約」であったこともまえにみた。日本は――連合国の占領を終結させるため――この条約でオキナワを本土から分断し、アメリカの統治にゆだねた。その平和条約第三条は「信託統治」という条項である。その条文――

（日本国は、沖縄を）合衆国を唯一の施政権者とする信託統治制度の下におくこととする国際連合に対する合衆国のいかなる提案にも同意する。このような提案が行なわれ且つ可決されるまで、合衆国は、これら（沖縄）住民に対して行政、立法及び司法上の権力の全部及び一部を行使する権利を有するものとする。

そこには、アメリカがミクロネシアに行使したのとおなじ政治形態が規定されている。つまり、日本政府は、オキナワが〝ミクロネシア化〟されることを承知のうえで、平和条約に調印したことになる。もし、アメリカが国連に「沖縄の信託統治化」を正式提案したならば、それは現実のものとなったかもしれない（核実験場にはしなかったとしても）。オキナワが受けた差別と疎外の仕打ち――距離の暴虐と核時代の受難――は、このようにミクロネシアのそれと通じ合うのである。

日本は〝核のごみ〟をミクロネシアに捨てようとした

反対に、日本の「国策と国益」が、ミクロネシアに加害者の立場で向きあったこともある。もちろん、戦前の「南洋群島統治」も「南進拠点の確保」という国益追求であったが、戦後、一九八〇年代に推進された「低レベル放射性廃棄物の海洋投棄計画は、〃核のごみ〃をミクロネシアの海底に捨てようとするものだった。ここで日本は、アメリカとおなじ「核の加害者」の列にならぶ。いくつか「事例」をみていこう。

【事例1】

一九八〇年代初頭、原発全盛期をむかえていた日本は——フクシマもふくめ——原発からでる放射性廃棄物の処分に悩んでいた。七八年度で八万五〇〇〇本にのぼり、原発敷地内に貯蔵しておくには限界にちかづいた。そこで解決策として、「低レベル」に区分されるもの（格納容器から漏れる水、床掃除に使った水、放射能汚染したぞうきん、手袋など）を、「一般ゴミ並み」にあつかい、それらをドラム缶に詰めてミクロネシア・マリアナ諸島沖の太平洋深海に投棄処分する方針を打ちだした。公海は「万人の共有地である」、そこを〃原発ゴミ〃の最終処分地にしよう、という政策が立案された。

海洋投棄計画があきらかになると、グアム、北マリアナ、パラオ、ナウルなど太平洋諸国・地域からいっせいに反対の声がまきおこった。八一年九月二日、グアムでひらかれた太平洋地域首脳会議に出席した科学技術庁（当時）の原子力安全局・後藤宏次長は、八カ国の大統領・知事にこんなことをいった。

中川（一郎）大臣（科学技術庁長官）はつねづね次のようなことを強調しておられます。

第一は、日本が海洋処分しようとしている放射性廃棄物は、原子力発電所の中でごく普通の倉庫に、ドラム缶に詰めて貯蔵されていますが、このドラム缶にキスしても、抱きついても、あるいはそのわきにベッドを置いて寝ても大丈夫なほど安全に処理されているということです。（会場笑い）（『土の声、民の声』一九八一年一〇月号）

「（会場笑い）」の意味は、同年九月三日付『毎日新聞』によると、「後藤次長は真剣な表情でこの約束をしたのだが、聞き手の方は冗談と受けとったらしく、会場はどっとわいた」、というものであったらしい。懸命のパフォーマンスにもかかわらず、首脳会議は「日本政府の低レベル放射性物質の海洋投棄計画への反対を再確認する」決議を採択した。

これを機に、海洋投棄反対の動きは太平洋全域にひろがり、一九八五年調印された「南太平洋非核地帯設置条約」（ラロトンガ条約）には、「低レベル放射性物質の海洋投棄を禁じる」条項が追加された。いっぽう、国内でも「全魚連」が反対の方針をかため、八五年、中曽根内閣は、海洋投棄計画断念を表明した。行き場を失った核のゴミのために、下北半島・六ヶ所村に「低レベル放射性廃棄物埋設センター」がつくられた。

ここに明らかなように、日本もまた、アメリカとおなじ顔をもっていたのである。

【事例2】

おなじころ、前章でみたエニウェトック環礁の〝核の墓場〟に、原発から出る「高レベル廃棄物」を埋蔵処分しようとする構想も浮上している。発端は、【事例1】に〝笑われ役〟として登場する原子力安全局・後藤宏次長である。グアムから帰国後の記者会見で、こうのべた。

南太平洋諸国は依然、わが国が計画している低レベル放射性廃棄物の海洋投棄に反対しているが、マーシャル諸島のアマタ・カブア大統領がビキニ環礁への陸地処分を提案するなど代替案にも強い関心を示した。またこれらの諸島との対話がさらに必要なことを痛感した。（中略）この提案は、わが国の原子力発電の必要性を認めたうえで放射性廃棄物の処分方法の解決策として示された。（『日本経済新聞』一九八一年九月八日付）

その後明らかになった動きから推測すると、計画の主役は日米両政府であったらしい。「カブア提案」以前から、ワシントン経由で「核物質の長期貯蔵ならびに永久処分について──マーシャル諸島におけるフィージビリティー・スタディ（実現可能性調査）の提案──」なる文書（英文）が霞が関にも出回っていたからだ。

文書作成者の記載はないが、状況把握の正確さから判断して、政府関係者もしくは原子力業界から委託されたコンサルタントの手になるとみられる。日本側窓口は中川一郎科学技術庁長官（のちに、謎の自殺をとげた）である。マーシャル諸島駐在米大使ウィルフレッド・ケンドール──独立前最後の信託統治政府高等弁務官──がしばしば来日し、セミナー開催や原発見学ツアー、東京電力本店訪問を繰りかえし誘致活動を行なった。

計画は、マーシャル諸島の無人島の一つまたは複数を長期貯蔵と永久処分地として提供する、という内容で、建設経費は一貯蔵所につき一五億ドル。七〇パーセントが国際金融機関などからの借入金、資本金四億五〇〇〇万ドルの六割をアジア開発銀行などからの資金であて、マーシャル政府が三割負担し、運営は新たに設立される核廃棄物会社が行なう、となっていた。「マーシャル諸島の無人島」が、ビキニとエニウェトックを指していることに疑問の余地はない。たしかに、両環礁には、核爆発による弾孔＝クレーターが、まだいくつものこっている。考えようによっては最適の〝核の墓場〟といえるかもしれない。

もし、これが実現していたら、フクシマ〜「下北核半島」〜ビキニにいたる〝太平洋をまたぐ核の鎖〟が出現していたことになる。このように、低レベル放射性廃棄物の「海洋投棄計画」に太平洋諸国の反対の声が高まっていたのと同時期――並行して――高レベル廃棄物の「海底埋蔵計画」も、ひそかに進行していたのである。

その後、この動きは鳴りをひそめている。だが、潜伏しているだけのことかもしれない。こんにち、アメリカ・日本はさらに大量の高レベル廃棄物をもてあましている。その現実に立てば、いつかまた再浮上しないという保証はない。とりわけ、フクシマ廃炉によって生じる莫大な「高レベル廃棄物」の量を考え、さらに放射性瓦礫の処理にさえ立ち往生している現状に立てば、〝ビキニ再活用〟の可能性をなおさら記憶しておく必要がある。

【事例3】

原子力船「むつ」の、建造から廃船にいたる過程も、「国策の暴走」あるいは「税金の濫費」のきわみといえる。これも――ミクロネシアと直接関係ないが――原発推進時代と並走する、笑えぬ喜劇だった。

「二一世紀末は原子力商船の時代になる」という通産省、原子力委員会がふりまいたバラ色の夢のもと「原子力実験船」がつくられ、初の試験航海で「放射線漏れ」を起こし、結局は、日本の〝足の裏〟――下北半島（大湊と関根浜＝母港）と佐世保＝修理港――が、ここでも「国策のたらい回し」の役目を背負わされる羽目となったのである。その意味で、このケースは「フクシマと佐世保・下北をつなぐ」〝補助線〟といえる。

「廃船」にいたる経過をまとめておこう。

原子力船第一号の建造予算三六億円が国会で承認されたのは、一九六四年だった。原発建設の黎明期、産・学・官からなる〝原子力ムラ〟ができあがりつつあるころだ。原子力船の船体は石川島播磨重工業（ＩＨＩ）、原子炉部分は三菱重工と三菱原子力工業が受注した（だから〝炉の血筋〟からいうと、米原潜の派生型である）。バラ色の未来といっても、軍事用艦艇をのぞけば、当時、世界にはアメリカの貨客船「サバンナ」、西ドイツの鉱石運搬船「オットー・ハーン」、ソ連の砕氷船「レーニン」の三隻しかなかった。それでも政府・造船業界は、原発とともに原子力船建造を「海運の国策」に位置づけた。

建造中の六七年に原子力船開発事業団から横浜市と神戸市に母港引きうけの要請がなされた。両市長とも拒否したので、船籍が青森県むつ市に変更され、進水時には船名「むつ」、係留港を下北半島・大湊にして計画がすすんだ（支え綱を切ったのは美智子皇太子妃だった）。

七四年八月、出港反対、阻止の声がうずまくなか、「むつ」は臨界状態下の公式運転に出港した。五日後、太平洋で出力上昇試験中、放射線漏れを起こし運転は中断された。放射線をさえぎる遮蔽体の設計ミスが原因だった（日本で原発が稼働しはじめた直後の事故であり、国内初の「原子力災害」ということになる）。

改修工事が必要だったが、建造造船所である東京湾のＩＨＩ東京第二工場での工事には反対が予期された。そこで、また〝足の裏〟佐世保が呼びだされた。原潜から原子力船へ、「国策のブーメラン」が、また舞いもどってきた。「むつ」は、日本列島の北の果てから西の端に回航され、ＳＳＫ佐世保重工業の岸壁につながれた。もとよりＳＳＫに「原子炉遮蔽工事」をこなす能力などなく、三菱グループとＩＨＩの技術者が佐世保まで出向いて改修にあたった。

この過程でも莫大なカネが投じられた。「国策による濫費」である。改修に要する一〇〇億円にくわえて、地元対策費――漁業施設整備、体育館整備などの名目でカネが支払われ、むつ市と佐世保市に「魚価安定基金」という――風評被害対策――経費も支出された（各二七億円）。こうして三六億円の予算ではじまった原子力船建造は、雪だるま式に増大し、さらに、むつ市が大湊港への再入港を拒否した結果、下北半島北端の関根浜に新母港を建設することになり、そこにも五〇〇億円以上が投じられた。

結局、〝原子力商船時代〟がやってくることなどなく（アメリカ、ドイツともに代船を建造しなかった)、「むつ」は、原子炉を外して解役、海洋科学技術センター所属の「海洋地球研究船・みらい」に生まれ変わり、最終的に「むつ科学技術館」となって展示されている。これが日本列島を縦断、漂流した「国策のなれの果て」である。

「核の植民地主義」という光景

このように、「核の時代」がもたらした「国策の跡」をたどっていくと、フクシマの背後にみえるのは、「原発の日米同盟」ばかりでなく、オキナワを通じ、ミクロネシアを経由して、日米の政治関係――日米安保体制――も浮かびあがってくる。つまり、フクシマ～オキナワというつながりからは、下北半島、佐世保、太平洋海底、マーシャル諸島など複数の国策線が――文字どおり放射線状に――発しているさまが浮かんでくる。

遠いフクシマ、遥かなオキナワをのぞみながら想像力を駆使すると、核=原子力時代がつくりだした「国内植民地主義」と「対米追随」のうえをすべっていく「原子力エネルギーによる経済発展モデル」が透けてみえる。あるいは「国策優先」の名で括られた「基地と原発」による分断支配の光景――「原発のなかのフクシマ」は「基地のなかのオキナワ」、そして「下北核半島」――である。

そこで用いられた政策は「アメとムチ」――基地特措法・原発交付金・魚価安定基金に代表される――札束に物を言わせる政治、および僻地住民にたいする〝受忍論〟の押しつけであった。近代史に見え隠れする「フクシマとオキナワ」の相似性――「賊軍会津」と「琉球処分」、「白虎隊」と「ひめゆり学徒隊」に象徴される民衆のルサンチマン――は、戦後政治にあっても、他者への苦しみへの自覚を欠いた「無慈悲な国策」のモデルとして、なお消えていない。それを「フクシマのこれから」は克服できるだろうか？

Ⅷ

海に浮かぶ原子炉

——日本に〝常駐〟しているアメリカの原子力艦船

3・11と原子力空母「ジョージ・ワシントン」

東日本大震災は、東京湾・横須賀港一二号バースに接舷していた原子力空母「ジョージ・ワシントン」（以下G・Wと略称）にも、海底振動と波動の衝撃をあたえた。

そのとき、G・Wは、二〇〇五年以来母港としてきた横須賀基地の空母岸壁で、原子炉周辺をふくむ定期検査を実施中だった。急激な海面上昇と岸壁の揺れが空母の船体を揺さぶった。G・Wの喫水は一一・九メートル、海底とのゆとりは二メートル少ししかない。引き波で、海面が二メートル以上沈下すれば、擱坐、横転という事態もありえないではない。そのときの状況が米海軍準機関紙『星条旗新聞』（STARS AND STRIPES）に掲載されている（「非核市民宣言運動ヨコスカ」の機関誌『たより』二一五号・四月六日付より引用）。

エリック・スラビン　二〇一一年三月一一日　横須賀海軍基地発。

空母ジョージ・ワシントンに乗っていた乗組員は、地震の最初の揺れは今までと同じようだったので、ほとんど気にしなかった。その後の数分間揺れが強くなったとき、何か途方もないことが起こっていることが分かった。

「実際に航海中か演習中のような感じだった」ビル・メイソン下士官（ペンシルベニア州ダマスカス出身）は述べた。メイソンは大きな揺れの後、直ぐに水位線をチェックした。水位は六フィート（一八三センチ）下がっていたという。ジョージ・ワシントンは長さ一〇九二フィート（三三三メートル）で重さ六万トンの構造用鋼で造られているが、揺れは非常に強くて、船を埠頭岸壁から離すほどだった、と乗組員は語る。「まるでひとつの街がぐるぐる回っているようだった」と語るのは当時乗船していたデヴィン・プロクター三等海曹だ。ユタ州出身のプロクターはワサッチ断層線に沿った所に住んでおり、地震には慣れているというが、「こんなのは初めてだ」という。ジョン・ウィリアムズ三等海曹も地震発生時には甲板にいた。テネシー州メンフィス出身のウィリアムズは「船は揺れ始め何が起こっているのか分からなかった。自分にとって初めての地震で、どんな感じがするものか分からなかったが、暫くして、大きい地震に間違いないと思った。午後六時半には横須賀基地のスピーカーから、（基地の）非居住者は艦隊レクリエーションセンターかフリートシアターに行くよう指示が出された。（以下略）

この記事から、G・Wが二メートルちかい上下動にさらされ、引き波は満載排水量一〇

一般市民に公開された原子力空母ジョージ・ワシントン（米海軍横須賀基地、2008年12月撮影）

万トンの巨体を岸壁から引き離すほどの力であったことがつたわってくる。また、記事は、３・11の夕刻、乗組員に「総員離艦」が命令された、とも読みとれる。米軍基準にしたがうと、まえにみた「ブロークン・アロー」ないし「ベント・スペア」など緊急事態が発動されたのかもしれない。

米原子力規制委員会（ＮＲＣ、これがＡＥＣの現在名である）の議事録（二〇一二年二月公表）によれば、米政府は、三月一六日の時点で、福島第一原発の三つの原子炉が「メルトダウン」した可能性を把握していた（日本政府は五月まで公表しなかった）。

米政府は、その段階で半径五〇マイル（八〇キロ）圏以内に居住する自国民に「退避勧告」を発するとともに、最悪事態――「風が東京に向かって吹いている場合、首都圏にどう影響するか」――、つまり退避区域の拡大を検討していた。

G・W乗組員はじめ横須賀、厚木、座間、横田基地には約二万人の軍人と家族が住んでいる。緊急事態となればすぐに本国に送還する「退避プログラム」が日ごろから準備されていた。G・W乗組員が陸上施設に移動を指示されたのも、その一環だったのかもしれない（『星条旗新聞』は、三月二〇日の時点で「退避プログラム」に八〇〇〇人が応募したと書いている）。

三月二一日、G・Wは、本国から派遣された作業要員五五〇人中四五〇人を乗せたまま緊急出航、横須賀から退避した。その後、四月五日に佐世保に入港、三〇〇人を下船させ翌日出港し、西日本洋上で定期修理作業を継続しながら、一週間後、再度、佐世保に寄港した。横須賀退避後の動きを『長崎新聞』が報じている。

米海軍の原子力空母ジョージ・ワシントン（GW、約一〇万トン、D・A・ラウスマン艦長ら三三〇〇人乗り組み）が一二日、佐世保に寄港した。五、六日にも佐世保を訪れたばかりで、米原子力空母が一カ月間に二度寄港するのは初めて。

ＧＷは、米海軍横須賀基地（神奈川県横須賀市）で定期メンテナンス作業中の先月二一日、同基地を出航。福島第一原発事故に伴う退避が目的とみられる。

外務省から佐世保市に入った連絡では、今回の寄港目的は「休養・補給・維持」。同基地によると、前回と同じ作業員交代や補給に加え、一二、一三日に一日当たり約一三〇〇人の乗組員の上陸、自由行動を許可している。一四日出港予定。（以下略、『長崎新聞』二〇一一年四月一三日付）

Ｇ・Ｗが横須賀に帰ってきたのは、出港一カ月後、地震から四〇日経った四月二〇日だった。そのかん佐世保が〝臨時母港〟、またしても〝足の裏〟の役割を果たしたことになる。以上の経過から、突然の出港と二度にわたる佐世保寄港が、横須賀への余震と放射能襲来をおそれての対応だったのは疑いようない。３・11直後、米海軍司令部が横須賀と厚木基地の軍人家族と軍属にも避難勧告を発令したことと考え合わせると、日本政府以上に事態を深刻なものとして受けとめていたようだ。

「浮かぶ原発」としての原子力空母

そのことはともかく、ここで考えたいのは、原子力空母ジョージ・ワシントンの「浮かぶ原発」としての危険な側面である。

G・Wには、熱出力六〇万キロワットの原子炉が二基、発電炉に換算すると四〇万キロワット相当の「核プラント」（nuclear plant）がそなわっている。福島一号炉とほぼおなじ規模になる。原理も仕組みも同一で、両者にちがいがあるとすれば、核分裂反応で発生したエネルギーを――瞬間的に解放するのではなく制御棒で抑えながら――冷却水に触れさせ熱を取りだし、水蒸気に変えてタービン発電機を回す。原発とのちがいは、おなじ力で電気をつくるか、スクリュー軸を回転させるかの差でしかない。軍事利用＝核爆弾と平和利用＝原発にも、核分裂の「瞬間・連続的」作用か、「制御・持続的」応用かの相違にあるだけだ。

そもそも、「原子動力プラント」は――原発よりさきに――軍艦の推進用として開発された歴史をもっている。原発は、船舶用原子炉を陸上に移しかえたものにすぎない。

その意味で、G・Wとフクシマ一号は原理も構造もおなじもの――コインの裏表――の関係にある。すこし「原子動力プラント」の開発史をふりかえってみる。

爆弾かボイラーか——核エネルギーの使い道

一九三八年、オットー・ハーンたちがウランの原子核分裂を発見したあと、科学者たちが最初に直面させられた理論的問題は、原子核分裂エネルギーの使い道、すなわち、「爆弾」（瞬間型）として使うか、それとも「ボイラー」（持続型）として使うか、であった。爆弾開発を提案した「アインシュタイン書簡」（三九年八月）に二カ月先だってルーズベルト大統領に海軍技術研究所機械電気部長・ロス・ガン博士による報告が提出されていた（三九年六月）。「ガン報告」は、「（酸素を必要としない原子力動力機関は）非常な軍事上の特徴で、潜水艦の航続能力とその戦術的効用に望外な増大をもたらすであろう」と指摘し、酸素なしで動く潜水艦の動力＝ボイラーとして使うことを提案していた。

ほどなく第二次世界大戦が起こり（三九年九月）、原爆製造を目的にした「マンハッタン計画」が始動、それに全力が傾注された結果、動力炉のアイディアに優先権はあたえられず研究は停止させられた。だが、戦争が終わると、ハイマン・リコーバーという野心的な海軍大佐が、無限の潜水航続力をもつ原子力推進潜水艦の実現に挑戦し、米海軍のプロジェクトとすることに成功する。ビキニ環礁で戦後最初の核爆発実験が実施された一九四六年夏ごろのことである（リコーバー大佐の階級は、原潜が新型化するにつれて上昇していく。一度も軍艦艦長を経験したことのない技術将校であったにもかかわらず、最後は海軍大将に昇進した）。

海軍は、世界最大の総合電機メーカーのゼネラル・エレクトリック社（ＧＥ）と、第二位のウェスティングハウス社（ＷＨ）とのあいだに船舶用原子炉およびタービン、動力変換装置の設計・開発契約をむすんだ。そして生まれたのが最初の原子力潜水艦「ノーチラス」である。一九五二年の起工式にトルーマン大統領みずから出席し、五四年の進水式ではアイゼンハワー大統領夫人が支え綱を切った。冷戦まっただなかの時期にあたる。

一九五五年一月、ノーチラスは史上初めての原子力を使っての運転に成功する。最初の航海でテムズ川を渡ったときに発した「本艦、原子力にて航行中(Underway on nuclear power)」の信号が有名である。

以後、米海軍の潜水艦はこの原子炉を原型にして、スケート型～スキップジャック型～スレッシャー型と発展していき、こんにちのオハイオ型、シーウルフ型へといたる。ともに軽水型原子炉を搭載し、初期型はＷＨ社の「加圧水型」（ＰＷＲ）が優勢だったが、やがてＧＥ社の「沸騰水型」（ＢＷＲ）に押されるようになる（ちなみに、空母Ｇ・Ｗの原子炉二基は両社の改良型で分け合っている）。

原爆から原潜、原潜から原発へ

原潜建造が推進される一方で——ややおくれて——潜水艦用原子炉を発電用に利用する計画もはじめられた。蒸気タービンでスクリューを回すのも電気をつくるのも原理的におなじことだから、技術の応用からいえば自然の成り行きといえる。また、GE、WH両社にとっても陸上の方により魅力的なマーケットが開けていた。原潜は輸出できないが、原発ならいくらでもセールスできる。ここに「マンハッタン計画」ではじまった「軍産複合体」が、原爆と原発という〝双頭の鷲〟のすがたをもって世界にはばたくことになる。

一九五三年一二月八日、アイゼンハワー大統領は国連総会で「原子力を平和へ」(Atoms for peace) と題する演説を行ない、原子エネルギーを農業、医学、電力など平和用にもちいる提案をした。これがきっかけとなって軍事的利用への転用防止を目的とするIAEA(国際原子力機関)が五七年設立された(そして、六八年の「核兵器不拡散条約＝NPT」により、核兵器拡散NO、原発輸出OKは国際秩序となる)。同時期、マンハッタン計画に共同参画したイギリスも、潜水艦建造とともに商業用の「コールダーホール型原子炉」開発と国際的な売りこみに乗りだしていた(ソ連の原子力発電は五四年にはじまっている。核兵器用のプルトニウム抽出炉を発電炉に転用したものだった）。

原爆から原潜、原潜から原発の流れに巻きこまれたように、日本でも原子力開発計画がはじまる。「アイゼンハワー演説」の翌五四年、国会で原子炉建造予算二億三五〇〇万円が可決された。その後、五七年「日本原子力発電」設立、六六年、コールダーホール型原子炉設置（東海発電所一号機）、七〇年、ＧＥ社原子炉導入（敦賀発電所一号機）という経過をたどっていく。

以後、「九電力会社五四基」にいたる道をたどっておくと――

●七〇年一一月　関西電力美浜一号炉（ＰＷＲ　三四万キロワット）営業運転開始。ＷＨ社製加圧水炉

●七一年三月　東京電力福島一号炉（ＢＷＲ　四六万キロワット）営業運転開始。ＧＥ社製沸騰炉

●七二年～　美浜二号炉（七二年）福島二号炉（七四年）島根（七四年）伊方（七八年）

●二〇一一年三月現在　稼働五四基、計画中一四基

●原発メーカーは三社（ＧＥ＝東芝・日立→東京電力系、ＷＨ＝三菱→関西電力系）

このような〝nuclear plant〟開発の歴史と日本への波及をみれば、「フクシマとジョージ・ワシントン」もまた、原子炉とそのメーカーを通じ、ごくちかい血縁の間柄にあることがわかる。日米安保体制下におけるもう一対の〝双頭の鷲〟といえようか。とすれば、横須賀在泊中のG・Wが、フクシマ・メルトダウンの報に、いちはやく母港から遁走した理由もよく理解できる。余震の津波、浸水、電源喪失、メルトダウン……。アメリカ政府は〝フクシマの再現〟をおそれたのだろう。

横須賀に三基の〝原子炉〟が常駐している

そこで、いま注目しなければならないのは、これら〝浮かぶ原発〟ともいえる原子力艦艇が、日本の港に常駐＝母港ないし日常的に出入り＝寄港していることから生じる危険性である。原子力空母だけでない。もっと多くの原子力潜水艦が、横須賀、佐世保、沖縄ホワイトビーチに出入りしている。原潜は、一九六四年に佐世保に初寄港して以来、毎年この三港に入港を繰りかえしており、最近数年間は年間三〇回前後——いちばん多い横須賀の場合——〇八年一一回二四六日、〇九年二三回三二九日、一〇年二五回二六一日——にもおよぶ。多いときには東京湾など三カ所に〝浮かぶ原発〟が臨時設置されていることになる。「東京に原発を」は、すでに現実のものなのである。住民の同意も安全審査もないままに……。

「原子力発電の安全性」が問われるとき、この問題を外においては現実的な議論にならない。首都直下型地震が起こったら――首都圏に原発は一基もないけれども――横須賀にG・Wが在泊し、かつ原潜が一隻でも寄港していた場合、東京湾に三基の原子炉（G・W二基＋原潜一基）が存在することになる。〇九年の実績によれば、「横須賀基地への米原子力艦船寄港の延べ日数は三二四日」（『しんぶん赤旗』二〇一〇年一月一二日付）にもなるので、二基ないし一基の「福島一号機」が「そこにある」可能性が高い。もしも、それと新たな「3・11」が合体したら……。そのときは横須賀基地当局は、「総員離艦」「退避プログラム」を発動するいとまもないだろう。

横須賀停泊中の原子力潜水艦が原子炉事故を起こしたら、という想定の研究リポートが一九八八年に提出されている。米環境研究所のジャクソン・デイビス博士がまとめた「デイビス・リポート」（「日本の港に停泊した軍艦における核事故の想定事故シナリオの定量分析」、ジャクソン・デイビス、カリフォルニア大学、一九八八年）である。

そこでは、停泊中の原潜で、火災などによる重大な原子炉事故が起き、四時間以上、放射性生成物が外部に漏れ、風に乗って首都圏に飛散した場合――季節により風向はちがうが――最大一一〇キロの範囲で、ガンなどの後遺的影響により七万七〇〇〇人の死者が出ると推測されている。とうぜん、東京湾は、沈殿した放射性物質のため〝死の海〟となる。三浦半島に活断層が走っているのは公知の事実なので、この想定は、けっして脅しでも杞憂でもない。

神奈川県が東日本大震災を受けて行なった「津波想定見直し」（二〇一二年三月二七日公表）によると、最大クラスの津波を想定した場合、横須賀では地震発生から一五九分後に最大八・五メートルに達するという。二時間四〇分の間にG・Wは、浦賀水道を抜けて外洋に脱出できるだろうか？

頻発している放射能漏れ

地震がこなくても、原子力艦船が事故を起こした例は数多い。前にみたように、わたしが佐世保で放送記者をしていた一九六〇年代の八年間だけで、原潜スレッシャーとスコーピオンが潜航中、沈没した。おなじころソ連からは、さらに多くの沈没や火災によるメルトダウン事故が報じられていた。〝チェルノブイリ的事態〟は、海のほうに多いのかもしれない。大西洋の深海やソ連圏北極海などであったため人目につかなかっただけだ。数千メートルの深海水が――こんにちでは深海にもゆるやかな海流があることがわかっているので――いつか上昇して表層水と混じりあったとき、マグロやカツオなど高度回遊魚を通じて、世界はそのことを知るだろう。

それより、原潜在港中の「放射能漏れ」もひんぱんにおきている。既述した佐世保のケースだけでなく、日本の三港はすべて「異常放射能事件」を経験している。

前にみたように、佐世保事件のさい米側は、「ソードフィッシュは、報道された異常放射能の原因となるようなことは何もしていない」と否定し、真相はうやむやのうちに幕が引かれた。だが、その後、横須賀でもホワイトビーチでも同様な異常値が検出されているので、原潜による放射能漏れが原因であったとほぼ断定できる。最近のケースでは、〇六年九月のつぎの例――

文部科学省は二十七日、米国の原子力潜水艦「ホノルル」が今月十四日に神奈川県横須賀市の米海軍横須賀基地を出港した際の海水から、自然界には存在しない放射性物質のコバルト58とコバルト60がごく微量検出されたと発表した。(『東京新聞』二〇〇六年九月二八日付)

いずれも、停泊中に原子炉冷却水を港内に放出したためと推測される。米側が〝原潜の指紋〟だといったコバルト60が検出されているので疑いようない。日米間の覚書によって明確に禁止されている一次冷却水放出の結果（もしくは動力系の故障）のためであろう。

本来ならば、航泊日誌や原子炉運転日誌の提出、点検がなされるべき――最低限でも原因調査中の寄港停止措置がとられるべき――違反だった。しかし、このとき、政府（安倍政権）は原因究明の抗議申し入れすら行なわず、忘れ去られるのにまかせてしまった。

「浮かぶ原発」「動く原子炉」は、〝潜在的なフクシマ〟として東京湾に浮かんでいる。しかし、このことにメディアのほとんどは触れようとしない。「国策への遠慮」なのだろうか？

終章　「脱原発」と「脱基地」への道

――「日本人の核意識」を変えられるか

「日本人の核意識」を考える旅のなかで

ここまで、わたしは、自分のジャーナリスト生活とかさねながら、「戦後日本のなかの核問題」ないし「日本人の核意識」をかえりみてきた。そして、そこから「フクシマとオキナワ」の共通点をさぐろうと心がけた。むかし書いた記事や取材ノートを読みかえすと――ふるい日記と対面するような――思いがけない感興をおぼえてしまう。核・安保・自衛隊問題に引っ張られて、じつに方々へ行ったものだ。わたしの「核意識」は、それら〝歩き取材〟のなかで形成された。だから「日本人の核意識」というときの「日本人の」とは、わたし自身のことでもある。大きくいえば、「日本人は核の時代とどう向きあってきたか?」について考える旅を、わたしはしてきたのかもしれない。核の原点のひとつ、ナガサキと「同行二人」で。

そのことを「論」としてではなく、また、個々の「ケース・スタディー」ともちがう視点、いわば「安保問題の雑報記者」が体験したこと、しかと見届けた事実として「回顧しながら総合する」、そんな時間の流れと問題意識に身をおいて、(ヒロシマ)ナガサキ～オキナワ～フクシマのつながりを考えるのが、この本を書く目的だった。

ごく自然に地名は仮名書きになっていた。ヒロシマ、ナガサキはいうまでもなく、フクシマもまた、世界に開かれた普遍性をもつ都市名になったからである。佐世保とビキニは、「フクシマとオキナワ」のつながりを浮かびあがらせ、補強するための〝補助線〟として欠かせないと思った。それらの地に住み、せっせと通ったがゆえに、ヒロシマ・ナガサキとフクシマ、フクシマとオキナワの共通性がよく見とおせる視野を得たのだ。そこから持ち帰った結論は、書き出しのところで紹介した「高江ヘリパッド裁判意見陳述書」（二〇一一年七月）の冒頭部分につきる。

「3・11震災」がもたらした「原発メルトダウン」と「未曾有の環境破壊」に遭遇してしまったいま、「フクシマ事態」と「普天間・高江問題」の区別は、もはや失われた。

ふたつの事象は、距離と様態を超えて私たちに問いかける。安全保障とは何か？日本国憲法が保障する「平和のうちに生存する権利」の実質はどこに見いだされるべきか？

だから、本書は、まだ閉じられていない。課題――「脱原発」にどう道を開くか、「普天間問題」をどう解決するか――がまだのこされているからである。この章ではおもにフクシマの意味を〝自分史的・体験的に〟考える。

二つの光景

フクシマというとき、わたしの脳裏に、ふたつの光景が浮かぶ。

ひとつはマーシャル諸島ビキニ環礁の景色だ。群青から緑色まで、陽光のもと、さまざまな色合いに変化しながらたゆたうラグーン（礁湖）、その水面を音もなく滑るカヌー、椰子林でおおわれた珊瑚礁の島を縁どりする、目を射るような白砂のビーチ、延々とつづく優美な湾曲……。まさしく「熱帯の楽園」と呼ぶにふさわしい眺めだ。しかし、そこはいま〝無人の楽園〟だ。たくましい海の男もカヌーも見えない。

いまひとつのシーンは、3・11後のフクシマの里山の日盛りである。ここにも、なつかしい日本の原風景があった。兎追いしかの山、小鮒釣りしかの川。磐梯《ばんだい》山と安達《あだた》太良山のすがたや相馬野馬追いの祭り……。わたしが子どもの時代、日本のどこにもある農村のたたずまいだ。白秋の『帰去来』――「帰らなむ、いざ鵲《かささぎ》、かの空や櫨《はぜ》のたむろ、待つらむぞ今一度《いまひとたび》。故郷《ふるさと》やそのかの子ら、皆老いて遠きに、何ぞ寄る童《わらべ》ごころ」――が浮かんでくる。だが、その故郷の田んぼのうねも、野菜畑も、荒れるにまかせるままだ。どちらの風景も――遠くから見た目には――いまも変わりないように映る。けれども、だれもそこで自然の恵みにひたることはできない。見ることも触ることもできない放射線が、ラグーンに、里山の土や樹木にたちこめているからだ。

一九四五年までこの世に存在しなかった人工の放射性物質（ヨウ素、セシウム、ストロンチウム……）が、熱帯の楽園・ビキニ環礁と美《うま》し国・フクシマを、無人の地、立入禁止区域に閉じこめてしまったのである。もはや、防護服に身を固め、時間を区切ってしか、そこに近づくことができない。失われた楽園と放置されるふるさと……。

一九四六年以降、ビキニ＝ミクロネシアがこうむった時代の悲惨と、二〇一一年の3・11以後のフクシマは――遠く距離をへだてていながら――おなじ問題を人類に投げかける。それは「核の植民地主義」がもたらした悪への告発であり、日常の安逸さにおぼれ差別を直視しようとしなかった者（私自身をふくめ）への懲罰である。

ふたつの〝僻地〟からのメッセージをつなぐと、「フクシマ＝オキナワ」の隠し文字が顕《あらわ》れる。国策の生贄《いけにえ》という共通性。したがって、読み取られるべき教訓は、「脱原発」と「脱基地」をひとつながりのものとして把握する私たちの想像力と行動となるだろう。

原発被災者は「国策の被害者」、ではオキナワは？

思うに、私たち日本人は、戦後、ふたつの「国策のまやかし」に呪縛されてきたのだと思う。それは米軍基地＝安保の抑止力＝国益論と、原発＝安全神話＝国益論というものである。いずれも——半世紀におよぶ自民党政権のもと——あらがいがたい不動の原則であるかのように国民意識を縛ってきた。

異議をとなえる者は、「受忍論」——「国策」に従うことは国民の義務である——の論理に屈伏させられた。司法も、最高裁がしめした「統治行為論」（安保のような国策は、高度の政治性をもつがゆえに司法審査になじまない）によって、基地を不可侵の領域に閉じこめた。「エネルギー国策」についても同様である。ふたつの国策によって、日本は一種の〝金縛り共同体〟のごとくであった。

3・11を機に、政府は、原発被災者を「国策の被害者」と認定した。「受忍論」は——原発にかんしては——放棄された。では、オキナワは？　〝海兵隊抑止力論〟という安全神話のほうは？　そう問い返すことから、3・11後を開始しなければならない。

幾重にも重なる矛盾

この本を書きつつ、ずっと考えていたことは、「日本人の原爆観と原発観にあるジレンマ」、言いかえると、なぜ、ふたつの視線——「原爆と原発」、「オキナワとフクシマ」をみるまなざし——は交わらないのか? という疑問である。どちらも同一の根源から発しているのに、私たちは、「米軍基地抑止論」と「原発安全神話」に呪縛され続けてきたのか? また、ふたつの国策を同一の視野に収めきれなかったのか?

その問いは、ヒロシマとナガサキを経験し、また、「憲法9条」をもちながら、しかし、なぜ私たちは、「非核の政府」をつくることができなかったのか? にもつながる。ニュージーランドの「非核法」、フィリピンの「非核憲法」、また、おなじ敗戦国ドイツも、「統一条約」(一九九〇年)において「核兵器放棄」を誓約したのにつづき、3・11後は「原発からの撤退」も決めたというのに、日本は、その片方さえ達成していない。

「非核三原則」を「国是」といいつつ、同時に「アメリカの核の傘」に依存する政策を両立させてきた矛盾、それを問いつめることなく——うさん臭いと思ったとしても——許容してきたわれわれは、いったい何者であったのか。

〝唯一の被爆国〟（これはウソだ。マーシャル諸島共和国を見ればいい）といい、〝核アレルギー〟を自称しつつ、原発と核兵器がコインの裏表だという本質——アチソン・リリエンタール報告にしたがえば、「大部分において交換可能であり、かつ相互に依存している」——をまじめに考えなかった。それは怠慢ではなかったか。そのあげくが、「兵器としての原爆」と「エネルギーとしての原発」はべつものという〝常識〟の成立だった。あいまいな国民合意、〝ノーモアヒロシマ・ナガサキ〟からほど遠いところでの「原子力の平和利用」容認が、世論の大勢になっていったのである。

「憲法9条と日米安保」という交わらない視線、ないし〝二重の価値基準〟受けいれは、ひとり政治・外交面における矛盾にとどまらない。「爆弾とエネルギー」にたいする見方にも反映され、日本社会と世論に定着した。すなわち、「軍事利用」＝非核三原則の〝タテマエ〟を信じるとともに、「核の平和利用」＝原発はけっして壊れない〝絶対安全神話〟への信仰——あるいは〝悪のなかから善を生みだせる〟——という共同幻想である。それが（ヒロシマ・ナガサキにおいてさえ！）自明のように流布され、可能かつ必要なのだとする社会的合意が暗黙のうちに形成されていったのだった。

かつて広島市の爆心地そばに本社をもち多数の被爆者を出した中国電力が、原発建設の推進者となる、つまり「被爆した企業が被曝させる原発をつくる」アイロニーも、日本人の核意識における〝交わらない視線〟がつくりだしたジレンマである。このように、片仮名書きのヒロシマでも、核意識における、慟哭と贖罪・忘却と傲慢の二面性、いわば〝意識の迷路〟が形成された。

九条と安保、原爆と原発に凝縮される〝ふたつの交わらない視線〟を——オキナワ問題もふくめ——突きつめも、脱けだそうともしなかった矛盾と怠慢のマグマ、その蓄積された帰結こそ、地震列島日本に立ち並んだ五四基におよぶ原発群の乱立であり、避けられないカタストロフィとして「震災・津波」と「原発メルトダウン」との合体にいたったということもできる（そして、フテンマでは、たぶんこれから）。

ならば、「3・11」を機に、日本人の原爆観と原発観を規定してきた二重のジレンマと決別し、あいまいにされてきた社会的合意をきちんと再構築することが、いまこそ必要ではないか？

そのためには、オキナワとフクシマ、「国策」と「核」によって縛られてきたふたつの地名を同一の視野に収め、交わらない視線を合体させていく問題意識が不可欠であろう。ゆえに、「脱原発」に向かうことと「脱基地」に向かうことは、おなじ次元で考えられなければならないのである。

「三層の同心円」からなる日本人の核意識

もうすこし、日本人が「核の時代とどう向きあってきたか」を考えてみたい。

前節で核意識におけるジレンマと迷路を指摘したが、とはいえ、それらを認めたうえでも、評価すべき特質がなかったわけではない。

まず、ヒロシマ・ナガサキを中心に「草の根の民意」ともいえる共同記憶が存在していたことは、戦後日本の民衆運動史を語るうえで欠かせない。〝核アレルギー〟といわれる核兵器拒絶感情へのこだわりである。だからこそ政府も――タテマエとしてであれ――「非核三原則」を捨てることができなかった。それらが果たした役割を要約すると――。

第一に、「戦争の新紀元」「新たな死のありよう」を、被災地の大地に立って問い、グラウンド・ゼロ＝原点から告発しつづけたことにあるだろう。「戦争の惨禍」がふたつの都市名によって普遍化され歴史に刻まれた。シンボルとしての「原爆ドーム」、毎年開催される「原水爆禁止世界大会」、また、それをささえた「市民運動の先駆」としてヒロシマ・ナガサキのヒバクシャが果たした活動は特筆に値する。戦後日本がもった最初のNGO（非政府組織）の主導になる活動でもあった。

第二に、「あの日」と「絶後の記録」を——占領下の検閲をくぐりながら——書きとどめ、語り継ぎ、伝承することに執着した表現者の努力があげられよう。詩人、文学者、絵を描く人、また「語り部」と呼ばれるサバイバー＝証言者の存在。それらによって、広島と長崎は、民衆が語る「戦争の世界史」のみならず、「人類共通の精神史」の一部となった。これも日本人の核意識からほとばしり出たことの一部である。

第三に、「非核の抑止力」ともいうべき国際政治への影響力も否定できない。冷戦期、いくたびかあった「あわや核戦争」という危機にさいし、〝核の発射ボタン〟を押しとどめ、使用を回避させた背景に——「核の抑止力」という権力政治の論理ではなく——ヒバクシャからの無言の圧力、「ヒロシマ・ナガサキの惨状」が、核保有国指導者の脳裏に浮かび、使用の決断をためらわせる力として作用したのではないか？（核抑止論肯定者は「それも核抑止力の構成要件だ」と反論するだろうが）

第二次世界大戦後いくたの地域戦争に核兵器が——何度も計画されながら——使用されなかった事実に、ノーモア・ヒロシマの声——非核の抑止力——がこだましていたのは疑いようない（しかし、核のテロリズムにたいし、非核の抑止力がどこまで有効か、さだかでない）。

以上の側面も考慮されなければ不公平というものだろう。であっても、そうした〝健全な核意識〟にもとづく民衆運動が、原発建設からフクシマへの道には、さしたる役割を果たせなかったのもたしかである。だから、核戦争の危機に〝非核の抑止力〟が機能したとしても、その〝抑止力〟は、フクシマ（フテンマも）を阻止する力にならなかった、ということになる。ここにも背反と撞着が生じる。

つぎに、「核の時代」と向きあった日本の民衆運動、その特徴および限界を、もう一歩進めると、それが「三層の同心円」からなっていたように思える。わたしの考えでは、以下三つの時期および特徴に区分でき、それぞれの円を「体験執着」「政治運動」「文明論」と、かりに区分してみる。「被爆者運動」「原水禁運動」「反核運動」としてもいい。

〈中心にある円＝「個的体験」の集積〉

ヒバクシャひとりひとりの個的な体験から生まれた、「ノーモア・ヒロシマ」をもとめる自然発生的な運動。ヒバクシャとしての自覚、すなわち誕生の時代。主体は被爆者の〝肉声の集合〟である。組織をつくっても、たとえば、無党派の「被団協」（日本被爆者団体協議会）のような団体に結集する程度だ。むしろ、峠三吉、原民喜、栗原貞子、永井隆たちに代表される〝文字による告発〟が、被災者の思いを外に向けて代弁した。時期は一九四五年以降、連合軍占領下の広島・長崎両市にはじまる。もちろん「原発問題」は、まだ存在しない。

その時期における運動の特質をいえば、瞬間大量死、都市の壊滅、黒い雨、自身の痛苦、後遺的影響への恐怖など、それまでの戦争になかった希有のできごと――一機の進入、一発の爆弾、一回の攻撃で一都市が壊滅する――を自己の身体で体験した「肉声」が根底にあった。「ピカドン」「ケロイド」「ノーモア・ヒロシマ」「長崎の鐘」などのことばや事象によって他の空襲被害と区別して記憶される。それじたい固有の政治的メッセージを持つものでなく、米占領下において、組織的な運動は許されなかった。ヒロシマとナガサキ周辺にかぎられた「先住民的・予言的」時代だったともいえる。

〈第二の円＝冷戦イデオロギーの外殻《がいかく》〉

一九五四年、第五福竜丸の核実験被災(ビキニ事件)を機に、「死の灰」「水爆マグロ」「放射能雨」などのことばとともに、ヒロシマ・ナガサキの体験が、新たな問題によって呼び起こされた(オキナワ以外は独立していたので「占領軍の検閲」はもうなかった)。それまでローカルだった被爆体験を継承・発展させる民衆運動が――放射能雨やサカナを通じ――全国的なうねりとなった。

ふたつの都市の〝ネイティブ的〟な体験が、国民全体に〝共有される〟危機意識の形成

（「原水爆実験即時停止要求」の署名簿に国民三〇〇〇万人余が応じた事実）へと、拡大・転換された。翌五五年、広島で「第一回原水爆禁止世界大会」が開催される。ヒバクシャの声をつつむ「第二の円」の形成である。個的体験は国民運動へと成長した。

しかし同時に、運動の拡大はべつの要因を抱えこむことにもなった。政治性である。絶え間ない核実験――米・ソにつづき英・仏・中の核保有――にたいする危機感をバネに、運動は核兵器廃絶へ向けた「国際的抗議運動」に発展していく。と同時に、国内では、自衛隊創設（五四年）を契機に、憲法擁護の要求（改憲阻止、再軍備反対）と結合して、政治的目標をもつ反政府・革新運動の一翼に位置づけられるようにもなった。

その帰結として、冷戦下に進行した「原爆から水爆」への核軍拡競争（〝タテの拡散〟と〝ヨコの拡散〟）のなかで、政治論争が生まれる。「社会主義国の核」についての評価（直接的には「いかなる国の核実験にも反対するか、否か？」）をめぐり、「第二の円」に政党の介入をまねくことになる。ビキニ事件で盛りあがった原水爆反対への世論の結集は、革新政党間のイデオロギー論争をともなう政治色を帯びたものとなり、広い支持母体の離反を招く。論争はやがて対立に、そして運動団体の分裂（「原水協」と「原水禁」、一九七一年）にいたった。「第二の円」は「第一の円」を発展させなかった。

イデオロギー論争によって運動エネルギーが内側に吸引されたがゆえに、日本の原水禁運動は、おなじ時期に進行していた「原子力の平和利用」＝原発導入についての議論――「人類は核と共存できるか?」――を欠いたものとなった。原水禁運動は、原発への対応を欠落させた。もっぱら政治次元、政党主導の論争の場となり、したがって文明論的視点（第三の円）からも、ヒバクシャの意識＝「第一の円」からもかけはなれたものとなっていった。

その結果、第一と第二の円のあいだに〝絶縁体〟のような膜ができた。国民意識に定着していく「核兵器NO」、しかし「原発YES」という亀裂も、この時期の内向きエネルギーに由来するものといえる。いまから思えば不毛な対立期だった。

〈第三の円＝世界のなかのヒバクシャ〉

スリーマイルアイランド（一九七九年）とチェルノブイリ（一九八六年）で原発事故が起こり、世界は、核戦争とはちがう、新たな核の脅威に恐怖した。西ドイツでは、核問題を環境面からとらえる「緑の党」が生まれ勢力を伸ばしていく。兵器としてもエネルギーの面でも核を拒絶する、いわば文明論的な反核運動が登場した。ここに「第三の円」ができる。

しかし、日本の原水禁運動のなかで「人類と核」という命題は、なかなか受けいれられなかった。毎年、原水禁大会を取材したわたしは、国際会議の場で、共同アピールに「反原発」をどのように盛りこむかについて、ヨーロッパからの参加者と主催者が紛糾するシーンをよく見かけたものだ。国内で原発問題をふくめて議論される機会は――チェルノブイリ以後の市民運動をのぞけば――そう多くなかった。

三層からなる核意識の同心円は歴史的に形成された流れだったが、日本の運動は、相互交流とダイナミズムを欠き〝外殻〟で隔離されたものとなった。とくに、「第一の円」と「第三の円」に通路がなかったことで、同心円が外側にふくらんでいくような運動が育たなかった。原発の将来をめぐる、フクシマ後のドイツと日本をひきくらべれば明らかだろう。

原水禁運動における、三層の成分からなる――水と油とまでいわないにしても――〝混じりあわない水槽の水〟、そこに戦後国民運動の原型が抱えこんだ弱点と限界があると思う。そこから、フクシマとオキナワをさえぎる〝交わらない視線〟を取りだすのは、やや飛躍のような気もする。しかし、オキナワとフクシマの根源にも、おなじことが当てはまるとわたしは感じている。

とはいえ、「第三の円」は、いまだ形成中である。遅ればせながら日本人の核意識――分断された三層から相互刺激的な三重へと――変えていくべきだろう。フクシマを機に、フテンマを取りこみながら、絶縁体のある同心円でなく、重なりあった広い共有面をもつ大きな円に作り替えていくことがもとめられているはずだ。それが「フクシマから学びとる教訓」ではないだろうか。

世界の人々が、「フクシマ」に驚愕しつつも、同情と連帯を惜しまなかった理由の背後には――日本人の冷静沈着な震災対応だけでなく――「核なき世界」をねがう長い期間の民衆運動があることを知っていたからにちがいない。そこには、「大いなる遺産としての原水禁運動」があったのもたしかである。たとえ欠陥をもっていたにせよ。

ここでわたしが思いだすのは、森滝市郎さんのことだ。森滝さんはヒロシマで被爆した倫理学者（広島大学教授）で、ながらく原水禁国民会議の代表委員をつとめた。森滝さんが「人類と核は共存できない」といったのは、一九七六年、「被曝三一周年原水爆禁止世界大会国際会議」における主催者代表としての演説であった。

……わたしはここで特に放射線障害の恐ろしさに触れたいと思います。ヒロシマ、ナガサキの生き残った被爆者のなかには、まず白血病にかかる者が多数あらわれ、そして死んでゆきました。さらに年を経てから各種のガンを発病するものが増え、死を宣告されました。また、得体の知れない疲れと健康低下をきたす者が後を絶ちません。三十年経た今日でもこの傾向は止んでいないのです。

皆さん！　この放射線被爆による障害の特殊性に是非注目してください。

と申しますのは、核エネルギーの「平和利用」とよばれる原子力発電もまた、人間にこの放射線障害という苛酷な被害を与えるからであります。（中略）

こうしてみてくると、私たちは核兵器即ち「軍事利用」に反対するとともに、核の「平和利用」にも反対し、「核絶対否定」の立場を貫く以外はありません。

一九七六年といえば、スリーマイルアイランドもチェルノブイリも、まだ経験していなかった時代、日本で原子力発電がはじまってまもない時代である。その時期に、このような発言があったことを、私たちは銘記しておくべきだろう。「第三の円」は、この時期から呼びかけられていたのである。

フクシマとオキナワを同じ視野に

「3・11」から一年が経った。

荒涼としたフクシマの光景と、その後の混乱を直視しながら考察されるべきことは、戦後日本の政治と社会がかかえこんできた〝二重の価値基準〟と、〝二重の迷路〟によりもたらされた矛盾――〝平和利用〟という幻想からの脱却――である。長い間あいまいなま ま宙づりにされてきた社会合意――否定されるべき核兵器、肯定されるエネルギー利用――の裂け目に気づき、それら両立しがたい関係を解消する方向に歩みだすことをいそがなければならない。そのために英知と創造力を結集することがもとめられる。

それとともに、「フクシマ」を「オキナワ」に重ねることも、ますます重要である。国策によって結びつけられ、国益によって分断されてきた「フクシマとオキナワ」を、〝国策の生贄〟というおなじ視野のうちに収めることを、私たちの行動基準にとり入れなければならない。政府は、フクシマの人々を「国策の被害者」と呼んだ。「国策受忍論」が修正されたのは〝未曾有〟のことだ。やがて司法の場でも追認されるだろう。

そうであるなら、フクシマとおなじ構造が、核～原発・基地～国策のつながりでオキナワに通じている以上、〝南のフクシマ〟にもおなじ処遇があたえられなければならない。ゆえに、オキナワもまたフクシマなのである。

オキナワもフクシマも、ほんとうの意味でのたたかいはこれからはじまる。

あとがき

本書の成り立ちと問題意識については、「はじめに」に書いたので繰り返さない。「3・11」の一週間後に沖縄へ行ったのがきっかけだった。辺野古（航空基地予定地）と高江（ヘリパッド予定地）の現場に立って、フクシマとおなじ「国策のむごさ」がここにもあると思った。放射性物質に追われる人びとと、海を奪われる人びとの怒りが二重写しとなって感じられた。僻地切り捨て、危険施設の押しつけの点で、原発も基地もおなじではないか？

なのに、（あれから一年経っても）沖縄の基地問題を「国策の被害者」として、また「国内植民地」の観点からとらえ、差別と不公正をただす世論が定着したとは言いがたい。フクシマのあと、「原発という国策」には見直しと政策転換がなされつつある。だが、もう一方の「安保国策」は、いぜん〝既定方針どおり〟沖縄県民に押しつけられたままだ。東日本の「国策被害者」が救済されるべきは当然としても、だからといって、南西諸島の「国策被害者」を放置していい理由にはならない。「原発」と「米軍基地」を、戦後日本が抱えこんだ「国策の暴走」、両県民を「国策の生贄」として同一の視野にとらえることが必要だと考えた。その問題提起として本書を書いた。

両者の同一性を明らかにするため、「原発と基地」の関係について、自身で見てきた、佐世保への「原子力潜水艦寄港」(一九六四年)や「異常放射能事件」(六八年)など、〝原発以前〟の歴史的経緯を思い起こしながら、また、〝フクシマ以後〟の状況を、これも八年間通いつめた「ビキニ核実験」(一九五四年)のあとのマーシャル諸島住民の苦難にかさねつつ書いていった。二本の補助線で「フクシマとオキナワ」がつながった。

おのずと、筆の運びは、それらの現場に立った〝自分史〟のかたちをとるようになり、「わたし」という、これまでの本であまり使ったことのないことばが多用されることになった。もっとも、本を書くとは「わたし」をさらけ出す行為にほかならないのだから、主語のあるなしにさして差異などあるはずない。とはいえ、今回の執筆はいささか勝手がちがった。そのような挑戦? を勧めてくださった高文研の梅田正己さんと真鍋かおるさんに謝意を表したい。

オキナワもフクシマも、なお事態は進行中である。普天間基地問題が「緩慢なメルトダウン」の過程にあることは本文中でも指摘したが、政府はなお(福島第一原発のメルトダウンを二カ月以上公表しなかったように）「日米合意という国策」を放棄していない。「高江へリパッド裁判」では、被告の一人に「抗議行動が（工事実施の）通行妨害にあたる」との那覇地裁判決がなされた（三月一四日、原告控訴で高裁へ）。行政も司法も、いまだ〝フクシマの警告〟にじゅうぶん学んでいないようだ。このまま進めば、普天間や高江で〝シビア・アクシデント〟が起こりかねないことを危惧する。

フクシマについては、内部被曝、環境汚染の深刻化にくわえ、「震災瓦礫の広域処理」と称し、放射性物質をふくむ廃棄物を〝家庭ごみ〟とおなじ一般廃棄物にして全国にまき散らす計画がすすんでいる。〝新たなベント〟（放射性物質の大気圏放出）ともいえる。それは第Ⅶ章でふれた、一九八〇年代の「低レベル放射性廃棄物海洋投棄計画」の再現でもある。すぐに思い出したのは、高木仁三郎さんが『市民科学者として生きる』に書き残したことだった（岩波新書、一九九九年）。

高木さんが、まだ〝企業科学者〟であったころ、高感度の放射線検知システムをつくるため遮蔽用鉄材をさがしたことがあった。成分試験してみておどろいたことに、国内にあるすべて鉄は、核実験の放射性降下物（死の灰）により汚染されていて使い物にならなかったという。結局、海底に沈んでいた戦艦「陸奥」の鉄材をもとめたが、「そんな問題を予想していなかっただけに私はショックを受けた」と書いている（一〇〇ページ）。

おなじことが、また繰り返されようとしているのではないか。放射性瓦礫を広く薄く（死の灰のように）全国に分散させ埋め込むことは、「直ちに健康に影響はない」としても、日本全体を汚染させる「移染」であり「被曝の拡散」にほかならない。ビキニやエニウエトック環礁で行なわれた〝除染〟と同様のやり口である。〝痛みを分かち合う〟という口実で日本の「国土体質」まで変えてしまうのは愚かなことだ。将来の科学研究にも禍根をのこす。

同時に、〝基地の痛み〟のほうだけは沖縄に封じ込め、原発瓦礫を全国に拡散させてよしとする政府の二重基準も、その場しのぎでつじつまが合わない。いや、そうではないだろう、といわねばならないと思う。少なくとも私たちは、「原発と安保」を国策として推進してきた自民党とはちがう政権をもっているのだから、「いや、そうではないだろう」の声をつよめる必要がある。「3・11放射能災害」をもたらしたパンドラの箱には、（まだかすかにではあるが）そのような「希望」がのこされている。希望を失うまい。

二〇一二年三月二九日

前田哲男

前田 哲男（まえだ てつお）

1938年、福岡県生まれ。長崎放送記者だった1960年代から在日米軍、自衛隊、安保、核問題を取材。とくに自衛隊軍縮を含む、武力によらない安全保障構築の問題について、82年刊行の『日本防衛新論』（現代の理論社）以来、2011年の『自衛隊のジレンマ』（現代書館）まで一貫して追究してきた。

著書：『自衛隊 変容のゆくえ』（岩波新書）『戦略爆撃の思想』（凱風社）『「従属」から「自立」へ 日本安保を変える』（高文研）ほか多数、共著書『自衛隊をどうするか』（岩波新書）『9条で政治を変える 平和基本法』『重慶爆撃とは何だったのか』（ともに高文研）など。

フクシマと沖縄
――「国策の被害者」生み出す構造を問う

●二〇一二年 五 月一五日――――第一刷発行

著 者／前田 哲男

発行所／株式会社 高文研
東京都千代田区猿楽町二―一―八
三恵ビル（〒一〇一＝〇〇六四）
電話 03＝3295＝3415
振替 00160＝6＝18956
http://www.koubunken.co.jp

組版／株式会社Web D

印刷・製本／シナノ印刷株式会社

★万一、乱丁・落丁があったときは、送料当方負担でお取りかえいたします。

ISBN978-4-87498-479-6 C0036